마케팅 추월자

마케팅 추월자

1판 1쇄 인쇄 2023년 3월 10일
1판 1쇄 발행 2023년 3월 15일

지은이 문민석
펴낸이 최태선
펴낸곳 라이온북스
등록 제313-2005-000221호
주소 14057 경기도 안양시 동안구 벌말로 126 3012-2
전화 02-3142-4364
팩스 02-6442-4364
이메일 lionbooks@naver.com
블로그 blog.naver.com/lionbooks

제작 조광프린팅
용지 표지: 아르떼 울/화 190g
본문: 백상지 90g

ISBN 978-89-94643-45-8 03320

마케팅 추월자

문민석 지음

라이온북스

들어가며

반드시 성공하겠다는 목표를 가지고 창업에 도전합니다. 그러나 5년 안에 80% 이상은 사라지거나 흡수되어버립니다.

"창업의 90%는 마케팅이다."

모두들 마케팅의 중요성을 강조합니다. 하지만 제품의 특징, 장점, 가격만 고민할 뿐, 어떻게 판매할 것인지는 고민하지 않습니다. 대행사에 맡겨버리거나 마케팅 부서 직원들에게 떠넘긴 채 관심을 갖지 않습니다.

저 역시 이런 식으로 사업을 하는 바람에 여러 차례 실패했습니다. 사업 실패 후 원인을 철저히 분석하기 시작했습니다. 많은 돈과 시간을 투자하며 마케팅에 대해 배우고 읽고 연구하기 시작했습니다. 그리고 다음의 두 가지를 깨닫게 되었습니다.

- 내가 그동안 실패한 이유는 마케팅에 관심이 없었기 때문이다.
- 내가 그동안 해온 마케팅은 남들과 다르지 않았다.

이 책을 쓴 저는 대형 유튜버도 유명한 인플루언서도 아닙니다. 아니 불과 몇 년 전까지는 여러분보다 훨씬 못한 사람 중 하나였습니다. 제가 살아온 삶은 순탄치 못했습니다. 특별히 잘하는 것도 그렇다고 똑똑한 사람도 아니었기 때문입니다. 가정 형편 역시 넉넉하지 못했습니다. 제가 돈을 벌어야 했고 제가 일을 해야 제 삶을 이어나갈 수 있었습니다.

전국 마트의 5일장을 돌며 장사를 했고 장사를 하며 얻게 된 족저근막염으로 인해 겨울에도 잠을 잘 때 찬 바닥에 발을 대야 잠이 들곤 했습니다. 모텔에서 먹고 자면서 24시간 격일 근무를 하며 지내기도 했습니다. 그렇게 모텔 일을 하면서 모은 월급 그리고 그것도 모자라 대출까지 받아 가며 쉬는 날 3~4시간 정도 쪽잠을 자고 일어나 도서관을 돌아다니며 책을 읽고 또 책을 구매해서 매일 하루 1권의 독서를 했습니다. 꾸준한 독서와 동시에 전문 강사의 고액 강의를 들으며 저만의 '타이탄의 도구'들을 하나씩 모아갔고, 그렇게 얻은 지식을 제 블로그에 적용해서 조금씩 수익을 내기 시작했습니다.

그러던 중 청소업체를 운영하던 친한 형님과 술자리를 하게 되었습니다. 형님은 블로그로 홍보를 열심히 하는데 매출이 그리 늘지 않는다고 고민을 털어놓으셨습니다. 이때 기회다 싶었던 저는 형님의 블로그를 쭉 보고 나서 한 가지 문제점을 발견했고 형님께 이렇게 제안했습니다. "한 달간만 형님 블로그 제가 한번 운영해 볼게요. 잘되면 맛있는 거 사 주세요."

저의 첫 블로그 대행은 이렇게 시작되었고, 한 달 만에 형님 회사의 매출은 3배 이상 폭등했고, 형님은 이에 대한 고마움으로 제게 100만 원을 지급해 주셨습니다. 이렇게 우연한 기회에 얻은 첫 수익은 블로그에서 인스타, 네이버 카페로 향하는 플랫폼 자동화에 대한 테크트리를 완성하는데 큰 힘이 되었고, 주변 사람들의 요청으로 론칭하게 된 마케팅 강의는 오픈과 동시에 마감되는 놀라운 일들이 연이어 일어났습니다. 물론 강의 수강자들의 수익화 성공 사례도 쏟아지기 시작했습니다.

이렇게 밑바닥부터 시작해서 수많은 성공사례를 만들어 온 저는 미국과 일본에서 큰 성공을 거둔 마케팅 방식들을 공부하고 그것을 국내의 실정에 맞게 테스트하고 시행착오를 거치며 성공한 방법들을 정리해왔고 그 내용들을 이 책에 수록하였습니다.

이 책은 그렇게 지금까지 제가 책과 강의를 통해 배우고 직접 사업에 적용하며 실제 수익을 검증한 마케팅 실전서입니다. 저는 지금도 시간과 비용을 들이며 저에게 부족한 '타이탄의 도구'들을 하나씩 만들어가고 있습니다. 저의 성공은 아직 진행 중이며 저의 목표는 연쇄 창업가입니다.

이 책을 읽는 어떤 분은 이름도 없는 '듣보잡'이 왜 이래라 저래라 하는 거야 할지도 모릅니다. 하지만 어떤 분은 이 책을 읽고 "바로 이 거야!"라고 무릎을 탁 치실지도 모릅니다. 유명한 사람이 아니기에 수많은 책에서 많은 아이디어를 얻을 수 있었습니다. 책 속에서 얼굴 한 번 본적 없는 수많은 멘토를 만날 수 있었습니다. 가진 것이 없기에 힘들게 모은 돈으로 더 많은 강의를 들으며 도전할 수 있었습니다. 책은 저에게 수많은 인사이트를 제공하고 다양한 스승을 만나게 해준 소중한 매체입니다. 그래서 최대한 많은 내용을 이 책에 담으려고 노력했습니다.

제가 살아오며 경험한 인생의 첫 번째 원칙은 "세상에 공짜는 없다"입니다. 이 책을 단지 읽기만 하고 실행하지 않는다면 그냥 한 권의 책에 불과합니다. 읽고 여러분의 사업이나 서비스에 적용해 여러분 것으로 만드시길 바랍니다.

이 책에서 소개하는 마케팅 방법은 실제 다양한 방식으로 적용되고 있습니다. 어떤 마케팅이든 초기에는 경쟁이 없어 가장 효과가 좋습니다. 지금 이 책에서 소개하고 있는 마케팅 방법이 보편화되기 전까지 누가 먼저 실행하는지, 그리고 얼마나 효과적으로 실행하는지에 따라 이 책이 가져다주는 효과는 몇백 배, 몇천 배의 가치가 될 수도 있습니다.

- 온라인 대행사에 마케팅을 의뢰하고 매달 마케팅 비용을 지출했는데 왜 이렇게 성과가 안 날까?
- 내 상품과 서비스는 정말 획기적인데 왜 이렇게 안 팔릴까?
- 마케팅을 배워도 막상 해보면 왜 효과가 없는 거지?
- 나만의 재능이나 지식으로 지식 창업 1인 기업을 꿈꾸는데 도대체 어디서부터 시작해야 할까?
- 당장 배워서 수입이 나와야 생활을 할 수 있는데 배운 대로 왜 수익이 안 나는 걸까?
- 물가는 계속 올라가고 있는데, 집에서 아이들을 돌보면서 300만 원이라도 꾸준히 벌 수 있는 일은 없을까?

만약 이런 고민 중이라면 이 책에 나오는 모든 내용을 실천해보시길 바랍니다. 하지만 난 살아가는데 돈 없이도 행복하고 돈에 관심이 없다, 현재의 삶과 직장에 만족하며 살아가고 있다면 과감히 이 책을 덮으셔도 됩니다. 이 책에서 소개하고 있는 마케팅 방법은 소상공인들을 위한 외식업, 보험, 부동산, 제품, 상품 및 서비스에 적용이 가능합니다. 또한 1인 지식 창업을 꿈꾸는 사람들을 위한 실전서입니다. 만약 이에 해당하는 고민을 하고 계신다면 당장 계산대로 걸어가서서 구매하시길 바랍니다. 이 책을 집중해서 읽고 각 챕터마다 해야 하는 과제 목록을 실행하시길 바랍니다.

읽고 공부하고 실행하십시오. 이 책은 여러분의 상품 및 서비스를 시장에 내놓는 방법을 순서대로 작성했습니다. 이 책을 읽고 해야 할 것은 '지금 바로 시작하기'입니다.

오늘 최고의 마케팅 방법이 내일 최고의 방법이 아닐 수 있습니다.

지금 바로 읽고 지금 바로 실행하시길 바랍니다.

지금부터 한낱 사업 실패자가 어떻게 새롭게 시작했고 어떻게 책을 썼고 어떻게 마케팅 대행사 대표가 되어 날 새며 24시간 일해도 허덕이던 삶에서 억대 연봉자의 삶을 살게 되었는지 모든 것을 공개하겠습니다.

★★★ 차례 ★★★

PART 03

잘 팔리는 소책자, 카피, 영상 만드는 법

PART 04

페이스북 퍼포먼스 마케팅

PART 05

마케팅을 자동화하라

PART 06

네이버 블로그로 돈 버는 방법

PART 07

패스트 블로그 마케팅 4단계

PART 08

패스트 유튜브 마케팅 전략

PART 09

네이버 카페 전략

PART 10

지식과 재능이 돈이 되는 시대

PART 01

당신이 패스트 마케팅을 해야 하는 이유

Chapter 01

패스트 마케팅이란?

자, 이제부터 그동안 여러분이 왜 마케팅에 실패했는지 설명하려고 한다. 그리고 어떻게 하면 수많은 경쟁 업체와 경쟁하지 않고 이길 수 있는지도 차근차근 설명해보고자 한다. 만약 여러분이 "나의 제품이나 서비스는 정말 좋은데 왜 안 팔릴까?"라는 고민을 가지고 있다면 끝까지 정독하며 읽어보길 바란다.

이 책에서 소개하는 다양한 예시는 필자의 관심사에 따랐다. 하지만 보험부터 자동차 딜러까지 폭넓게 적용이 가능하다. "고객에게 필요한 정보를 먼저 주고 고객이 여러분을 찾고 모여들게 만드는 것"이 내가 추구하는 패스트 마케팅의 핵심이다.

패스트 마케팅의 핵심은 잠재 고객을 찾고 다양한 정보를 통해 신뢰 관계를 구축하고 고객을 육성해 고객이 우리를 찾아오게 만드는 것이다.

패스트 마케팅을 설명하려면 '고객 퍼널customer funnel'이라는 개념을 먼저 알아야 한다. 마케팅 성과 측정을 이해하기 위해 반드시 등장하는 개념이 바로 고객 퍼널이다. "고객 퍼널은 고객이 최초로 유입되어 기업이 목표로 삼는 최종 행동 단계에 이르기까지 전 여정을 보여준다." 즉, 고객이 물건이나 서비스를 보고 구매까지 이루어지는 모든 단계를 설명하는 개념이다. "물건을 구매하기까지 고객은 다섯 번 이상 고민하고 구입한다"라는 개념이기도 하다.

고객 퍼널 계단은 총 4단계로 나뉜다. 가장 아래의 1단계부터 꼭대기 4단계까지 인지-흥미-욕망-구매로 이루어진다. 고객 퍼널 피라미드를 고객 성향별로 4단계로 나누어본다면 가장 상단은 지금 바로 구매할 고객, 그다음 단계는 필요성을 느끼고 있지만 아직 구매에는 관심이 없는 고객, 가장 하단은 문제 인식조차 하지 못하거나 관심이 없는 고객으로 나눌 수 있다. 계단 그림을 보면 알 수 있듯이 전체 고객의 3% 정도만 지금 바로 구매할 의지가 있는 고객이다. 지금 사야 할 이유가 있고 동시에 살 의지가 있는 고객이다.

고객 구매 행동 모델(AIDA 모델)

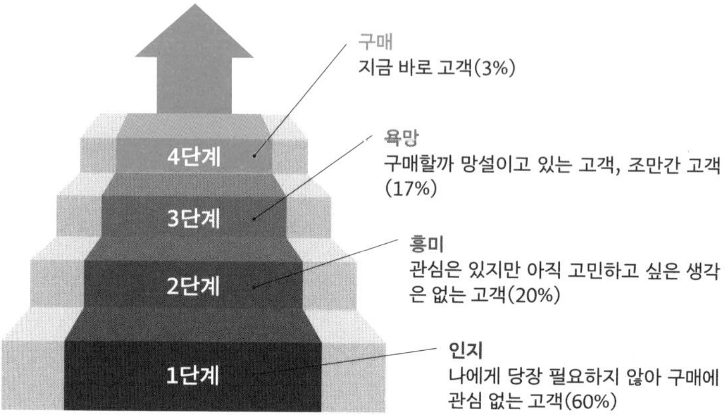

마케팅을 고객 만족을 통한 이익 실현의 과정으로 정의한다면, 1, 2단계 고객을 중요한 고객으로 인식해야 한다. 그 이유는 3, 4단계 고객은 수요와 욕구가 큰 반면 검색과 조사를 통해 시장 상황과 제품 현황을 잘 파악하고 있기 때문이다. 따라서 확고한 경쟁 우위와 고도의 전략이 없다면 제품에 눈길을 주지 않을 가능성이 크다. 이른바 레드오션이며 경쟁이 치열하다. 하지만 1, 2단계 고객을 대상으로 신뢰를 구축하면 우리보다 더 낮은 가격을 제시하는 경쟁 업체의 유혹에도 고객은 쉽게 움직이지 않는다. 또한 신뢰 관계가 형성된다면 지속적인 재구매 가능성이 높아진다. 우리 기업이나 회사의 팬이 될 가능성도 높다. 따라서 그들이 바로 우리가 주목해야 할 고객이다.

4단계의 3%는 구매하기 위해 다양한 정보를 수집한다. 가격, 서비스, 상품의 질을 꼼꼼히 체크한다. 따라서 경쟁이 치열하다. 이미 관련 상품이나 서비스에 브랜딩이 되어 있는 시장을 선도하고 있는 기업이 유리하다.

간다 마사노리의 『90일 만에 당신의 기업을 고수익 기업으로 바꿔라』에서는 1, 2단계 고객이 중요한 이유를 다음과 같이 설명한다.

> 대부분의 비즈니스가 '지금 바로 고객'만을 모으고 있습니다. '조만간 고객'을 모으면 간단히 얻을 수 있는 갖가지의 메리트를 잃고 있기 때문이다. 첫 번째, '조만간 고객'에게는 라이벌 회사에서도 별로 신경을 쓰고 있지 않다는 점입니다. 1년 이내에 주택을 구입할 일반적인 고객은 평균 7~10개사의 팸플릿을 청구합니다. 즉, 이 단계에서 이미 7~10개사가 경쟁을 시작하고 있는 것입니다. 고객은 그중 3~5개사로부터 자세한 정보를 듣고 견적까지 받아봅니다. 그 후 최종적으로 1개 회사를 꼬집어내는 것이지만 이 한 명의 고객을 잡기 위해 몇 개의 회사가 필사적으로 판매 공세를 하고 있느냐라는 것입니다. 모든 영업사원이 "우리 주택은 최고입니다"라는 말을 합니다. 고객은 혼란스러워지고 결국 "주택이란 거의 똑같아. 그렇다면 제일 싼 곳으로 해버리자"라고 가격 경쟁에 빠지게 되는 것입니다. 반

면, '조만간 고객'을 모으면 어찌 될까요? 이 단계에서는 경쟁 상대가 아직 적습니다. 라이벌과의 경쟁보다는 자신과의 경쟁이 됩니다. 고객에게 신뢰받고 어떻게 감정적인 연결고리를 만들어내느냐 하는 경쟁이 됩니다. 즉, 다른 회사에 전화를 할 필요도 없습니다. 타사와 경쟁하기도 전에 결론이 난 게임을 하게 되는 셈입니다.

우리가 시장에 진입한 지 얼마 되지 않았고 우리의 경쟁자가 이미 시장을 선도하고 있다면, 우리의 제품이나 서비스가 그 시장을 비집고 들어가기는 쉽지 않은 것이 현실이다. 그 이유는 고객은 사용해보고 이미 익숙해진 제품이나 서비스를 쉽게 바꾸려 하지 않기 때문이다. 만약 여러분의 상품이나 서비스가 이제 시장에 막 진입했다면 어떤 전략을 짜야 할까? 이제부터 여러분의 상품이나 서비스에 따라 어떤 플랫폼을 선택하는 것이 유리하고 어떻게 잠재 고객을 찾아 육성할지 하나씩 알아보자.

Chapter 02

이래서
패스트 마케팅을 해야 한다

우리가 일상에서 매일 접하는 광고들은 지금 바로 구매할 고객들을 타깃으로 하고 있다. 현재 90% 이상의 판매자들이 고객 피라미드 최상단에 위치한 3%의 사람들을 대상으로 한다. 즉, 바로 구매할 '지금 고객'만 공략하고 그들만을 위한 마케팅을 하고 있다. 그 이유는 마케팅에 투자한 비용이 바로 수익으로 이어지길 바라기 때문이다. 3%의 사람들을 위해 마케팅 비용을 투자하고 우리 제품이 더 싸고 더 좋다는 메시지를 전하며 출혈 경쟁까지 마다하지 않는다.

고객 입장에서는 싸면 쌀수록 좋은 게 당연하다. 그러나 여기서 실수하기 쉬운 것은 싸면 팔릴 것이라고 생각해버린다는 점이다. 결국 전혀 이익이 안 되는 수준까지 싸게 해버리고 가격 경쟁에 돌입하게 된다. 그러면 결국 이 경쟁은 기업의 규모와 자금의 규모로 승패가 결정 난다. 여기서 밀려난 기업은 도산의 위기에 빠진다. 고객은 구입하려고 하는 상품과 서비스의 가치가 지불하는 금액보다 높다고 느낄 때 구매를 결정한다. 가격을 낮추기보다 고객이 느끼는 가치를 높이는 것이 중요하다.

하지만 대부분의 사람들은 '상세페이지(랜딩페이지)를 만들고 다른 상품보다 내 마진을 줄여서 더 싸게 하면 잘 팔릴 것이다'라고 생각한다. 그 후, 고객이 알아서 구매하기를 바란다. 잘 팔리지 않으면 상세페이지가 문제인가라고 생각한다. 그러면서 고객의 가치는 생각하지 않고 눈에 더 끌리는 상세페이지나 더욱 예쁜 디자인에 돈을 쓴다.

이들은 대부분 이렇게 생각한다. '나의 상품은 정말 좋고 이 상품을 팔아서 얻는 마진은 최소야. 따라서 이보다 더 싸게 팔 수 있는 사람은 없기 때문에 무조건 내 상품이 팔릴 거야.' '경쟁 업체의 홈페이지나 상세페이지보다 나의 홈페이지 상세페이지가 더 깔끔하고 예쁘기 때문에 더 잘 팔릴 거야.'

이런 사람들이 전체 판매자의 90% 이상이다. 웹페이지가 예쁘고 상세페이지가 멋지다고 고객이 구매하는 것은 아니다. 고객이 느끼기에 내가 지불하는 돈보다 제품이나 서비스의 가치가 크다고 느껴야 팔린다. 이것을 꼭 기억해야 한다. 웹페이지나 상세페이지가 중요한 것이 아니라, 고객이 느끼기에 여러분의 상품이 더 가치 있다는 메시지, 즉 '마케팅'이 중요하다.

성장하는 기업이 되려면 대표가 마케팅을 알아야 한다. 남들과 똑같은 방식으로 마케팅을 하면 안 된다. 그러면 결국 고객들에게는 수많은 광고 중 하나가 될 뿐이다. 마케팅의 중요성을 느낀 일부 대표들은 직접 마케팅을 공부하고 적용한다. 그런데 요즘 마케팅 트렌드는 블로그라는 말을 듣고 열심히 블로그를 만들고 관리한다. 그러다가 인스타가 광고 효과가 좋다는 말에 이번에는 인스타그램을 공략하기 위해 노력한다.

이들은 정보를 탐색하고 있는 고객들을 대상으로 인터넷상에 상품 정보를 열심히 만들고 있는 판매자라고 볼 수 있다. 자신의 블로그에 상품에 관한 글을 포스팅하고 인스타그램에 상품 관련 사진과 매장을 업로드한다. 나아가 유튜브나 블로그 체험단 관련 이벤트를 기획하고 업로드하는 일반적인 마케팅을 한다. 즉, 다른 사람들과 똑같은 방식으로 마케팅을 하는 것이다. 물론 피라미드 최상위에 있는 3%를 90%가 나누어 먹는 것보다는 훨씬 효과가 있다. 하지만 역시 경쟁이 치열하다. 무슨 말인지 여러분도 충분히 공감할 것이다.

블로그에 수많은 홍보성 체험단 글이나 유튜브 영상 중간에 지나가는 광고 영상 등 매일 우리는 수십, 수백 건의 광고 홍수 속에서 살아가고 있다. 이 경쟁에서 이기려면 블로그를 뛰어나게 잘 해야 한다. 유튜브 광고를 한다면 영상 편집, 스피치, 공감을 일으키는 콘텐츠를 만들기 위한 다양한 공부와 고민이 필요하다.

매일 매일이 바쁜 회사 대표는 처음에는 열심히 노력하지만 이내 지쳐버린다. 결국 직원이 있다면 직원에게 맡기거나 마케팅 직원을 채용한다. 그마저도 힘들다면 블로그 체험단이나 인플루언서 광고를 실행한다. 그래도 마케팅 효과가 적다고 느끼면 결국 마케팅 대행사에 의뢰한다. 그렇게 결국 내 타깃과 내 상품의 차별점을 어떻게 부각시켜야 할지 모른 채 돈만 빠져나간다.

마케팅 대행사는 제품이나 서비스의 타깃에 깊이 고민하지 않는다. 그들은 의뢰인이 가장 중요하게 생각하는 노출, 즉 얼마나 많은 사람이 나의 상품이나 서비스를 보고 갔는지 성과를 보여주어야 한다. 네이버에서는 상위 노출이 되는지, 얼마나 많은 사람이 이번에 우리 회사의 광고를 보고 갔는지를 중요하게 생각하고 설명한다. 이것은 마케팅 대행사의 잘못이 아니다. 실제로 매출로 이어질 마케팅을 요구한 것이 아닌, 사람들이 많이 볼 수 있는 노출을 의뢰인이 대행사에 원했기 때문이다.

바로 이것이 대부분의 마케팅이 어려운 이유다. 물건이 많이 팔려도 이것저것 빼고 나면 정말 남는 것이 없다고 말하는 이유다. 결국 마케팅은 효과가 적다고 생각해 마케팅을 더 이상 안 하게 된다. 하지만 그나마 해오던 마케팅을 안 하면 수익은 급감한다. 그렇게 '울며 겨자 먹기'로 더욱 저렴한 대행사를 찾고 이런 사이클이 무한 반복되면서 수익성은 악화된다. 그리고 결국 사업을 포기한다. 지나친 과장이라고 생각하는가?

> 5년 안에 파산하는 기업의 비율은 통계마다 다르다.
> 90%나 된다는 추산도 있다.
> 하지만 50% 아래로 내려간 적은 없었다.
> 아무리 낙관적으로 잡아도 비즈니스가 5년을 넘길 가능성은 50%이다.

Chapter 03

상위 20%가 아닌 하위 80%를 내 팬으로

남들과 똑같은 방식으로 한다면 결국 고객들에게는 수많은 광고 중 하나일 뿐이다. 현대 경영학의 창시자 피터 드러커의 말을 빌리면, "이상적인 마케팅이란 고객의 마음을 제대로 이해하고 이에 맞춰 제품과 서비스를 제공해 저절로 팔리게 하는 것"이다.

상품과 서비스의 장점과 차별점은 기업의 대표가 가장 잘 알고 있다. 어떤 고객에게 판매할 것인지 누구보다 대표가 가장 많이 고민했기 때문이다. 그래서 기업의 마케팅 방법은 대표가 알고 있어야 한다고 강조하는 것이다. 한 가지를 보태자면 내가 생각하는 최고의 마케팅은 "경쟁을 피해 최소의 투자로 최고의 효과를 얻는 것"이다.

고객 퍼널 상위 3, 4단계를 타깃으로 한다면 치열한 경쟁과 막대한 마케팅 비용을 투자해야 한다. 우리는 마케팅 자본이 막강한 대기업과는 게임 자체가 안 된다. 따라서 상위 3, 4단계의 피 터지는 경쟁을 피하고 잠재 고객을 육성해야 한다. 이 단계에서는 경쟁 상대가 아직 많지 않다. 우리의 경쟁 업체는 하위 단계에 크게 관심을 두고 있지 않다. 우리의 경쟁 업체는 고객들의 DB가 아닌 고객들의 구매를 원하기 때문이다. 우리는 고객에게 구매가 아닌 '가치'를 제공하고 신뢰를 얻어야 한다.

이 책에서 소개하는 경쟁 없이 팔리는 패스트 마케팅은 문제 인식은 있으나 구매 의지가 없는 20%, 문제 인식조차 되어 있지 않는 60%의 고객을 합친 80%의 고객을 사로잡는 전략이다. 나는 경쟁은 최대한 피하고 빠른 마케팅 효과를 추구하기 때문에 '패스트 마케팅'이라는 슬로건을 내걸었다.

Chapter 04

가설-검증-확장,
마케팅의 성공 공식

소수의 20% 고객을 얻기 위해 90%의 판매자들이 서로 치열하게 경쟁하고 있다. 그러다 보니 마케팅 비용은 수직 상승하고 마진은 줄어든다. 결국 거대한 기업이 막대한 자본을 시장에 투입하면 작은 기업들은 가격 경쟁력, 마케팅 비용 탓에 시장에서 밀려나는 현실이 반복된다. 우리는 골목 상권까지 침투한 대기업을 욕하고 있다. 그사이 대기업은 어떤 상품이나 서비스가 시장성이 있을지 연구하고 시장조사에 나선다.

막대한 자본을 가진 대기업도 시장에 제품을 내보이기 전에 시장을 조사하고 경쟁 업체를 파악한다. 그러나 가진 돈 하나 없는 우리는 '내 상품과 서비스는 획기적이고 저렴하기 때문에 잘 팔릴 거야'라고 막연하게 생각한다. 그리고 경쟁 업체조차 파악하지 않고 시장에 진출한다. 경쟁 업체가 없는 새로운 상품이라면 수요가 없어 고전을 면치 못한다. 수요가 있고 경쟁 업체가 없다고 생각했는데, 시장에는 이미 수많은 경쟁 업체가 포진하고 있다. 그래서 실패한다. 나의 상품과 서비스를 내놓기 전에 시장에 먼저 질문을 던지고 답을 들어야 한다.

- ▶ 나의 상품과 서비스의 시장성은 어떠한가?
- ▶ 나의 상품과 서비스의 경쟁 상대는 누구인가?
- ▶ 나의 상품을 누구에게 팔고 어떤 마케팅 전략을 짤 것인가?

시장에 상품과 서비스를 내놓기 전에 가설을 세우고 검증하고 성공한 가설을 확장한다. 이것이 '린스타트 업'의 대표적인 전략이자 패스트 마케팅의 핵심 전략이다. 첫 번째로 나의 상품과 서비스를 어떤 고객에게 어떻게 알릴지 가설을 세우는 것에서 시작한다. 우리가 창업이나 사업에 대해 고민하고 두려워하는 이유는 단 한 가지다. 실패에 대한 두려움이다. 만약 여러분이 창업이나 사업에 도전하는 데 필요한 투자금이 5만 원밖에 안 한다면 어떨까? 그래도 창업이나 사업이 두려울까?

▶ 창업과 사업에 엄청나게 큰돈을 들여야 한다.

▶ 시장을 압도할 만한 제품이나 서비스를 만들어야 한다.

이런 고정 관념부터 먼저 깨야 한다. 창업은 거창한 것이 아니다. 창업은 내가 만든 가치, 나의 재능, 지식, 서비스, 제품을 다른 사람에게 알리고 판매하는 것이다. 우리가 가설을 세워야 하는 가장 중요한 이유도 여기에서 비롯된다.

우리가 만든 제품이나 서비스가 어떤 사람들에게 필요하고 그들이 무엇을 원하는지 당장은 알 수 없다. 그래서 먼저 가설을 세우고 '미리 팔아보기' 과정을 통해 검증해야 한다. 데이터 값을 통해 시장성에 문제가 있는지, 나의 상품에 문제가 있는지 판단해야 한다. 시장성에 문제가 있다면 피봇pivot을 통해 다시 가설을 만들어야 한다. 상품에 문제가 있다면 상품에 상품을 더해 다시 가설을 만들고 가설과 검증을 반복해야 한다. 이 과정에서 필요한 건 엄청난 자본과 뛰어난 기술력이 아니다. 나의 제품이나 서비스가 시장에서 얼마나 반응하는지 실험을 무한 반복하는 것이 필요할 뿐이다.

만일 여러분이 마케팅의 천재라면 단 한 번에 가설에 성공할 수도 있다. 하지만 대부분의 사람은 천재가 아니다. 한 번의 가설이 실패했다고 실망할 필요는 없다. 가설을 다시 세우고 검증을 시도하기만 하면 된다. 이렇게 가설과 검증을 통해 시장에 나온 제품과 서비스는 이미 시장성을 확보한 이후에 확장시켰기 때문에 실패할 확률은 극히 줄어든다. 절대 망하지 않는 창업 공식은 이것이다. '미리 팔아보기'를 통해 시장성을 확인하고 실패 확률을 최소화한 뒤 시장에 뛰어드는 것이다.

반복적인 시도는 성공할 가능성을 높게 만든다. 동전을 한 번 던져 앞면이 나올 확률은 50%에 불과하다. 그렇다면 10번 던졌을 때 앞면이 나올 확률은 과연 얼마가 될까? 최소한 동전을 한 번 던져 앞면이 나올 확률보다는 확 늘어날 것이다. 창업에 대한 시도도 한 번에 도전해 성공할 확률은 극히 낮다. 그러나 반복적인 시도를 한다면 한 번이라도 성공시킬 확률은 훨씬 높아진다.

실제 통계에 따르면, 스타트업 창업자가 처음에 상품 서비스를 내놓으면 5년간 폐업률은 90%, 성공률은 10% 이내다. 하지만 한 번 실패한 창업가가 다시 도전했을 때 성공 확률은 얼마나 될까?

한 번 던져서
동전의 앞면이 나오기 힘들다.
하지만 10번 던진다면?
10번 던져도 안 된다면
앞면이 나올 때까지 던지면 된다.

최소 10% 이상의 성공률을 보일 것이다. 시행착오와 학습을 통해 훨씬 더 성공 확률이 높은 상품을 시장에 내놓았기 때문이다. 반복적인 시도로 시장을 학습하고 데이터를 통해 피봇을 하고 다시 가설을 검증한다. 일주일에 한 번 가설을 세우고 피봇을 하고 반복한다면 1년에 50번 시장에 내놓을 수 있다. 50번의 가설 세우기와 검증을 반복했는데도 성공하지 못했다면 그 상품과 서비스는 시장성이 없을 확률이 높다.

만약 엄청난 돈을 들여 제품과 서비스를 만들었다면 크게 손해를 입었을 것이다. 하지만 우리는 '가설을 세우고 미리 팔아보기'로 검증한 것이다. 그래서 이 과정에서 손해 역시 크지 않다. 단지 가설이 실패했을 뿐이다. 가설을 세우고 검증을 통해 시장성을 확보했다면 그때 확장을 통해 키워나가면 된다.

실제 학원 사업을 예로 들어보겠다. 내가 강의하고자 하는 과목이나 분야를 먼저 정하고 시장조사를 통해 나만의 차별성을 갖춘다. 내가 세운 가설을 '미리 팔아보기'를 통해 설명회나 무료 샘플 강의 등을 광고하고 시장성을 확인한다. 무료 설명회나 샘플 강의를 통해 고객의 니즈를 확인한다. 그런 다음 실제 수강으로 이어진 고객들을 대상으로 줌 강의나 비즈니스 센터 회의실 등을 통해 먼저 강의한다. 니즈를 확인하고 실제 강의로 이어졌다면, 먼저 강의한 수강생들의 후기와 이벤트 혜택 등을 통해 이것을 확장시킨다.

이렇게 실제 수강생들이 늘어난 시점에서 학원을 계약한다면 초기에 수강생이 없는데 학원 먼저 계약해 투자해야 하는 비용에 대한 리스크가 사라진다. 시장성과 고객의 니즈까지 검증되었기 때문이다. 그 후에는 더 많은 후기를 통해 광고를 확장하고 더 많은 고객의 소리를 듣고 개선하면서 확장해나가면 된다.

예시로 든 학원 사례는 허무맹랑한 이야기가 아니다. 실제로 『부의 치트키』에는 이런 내용이 나온다. 김성공 대표의 대전 코딩 학원은 학부모 설명회를 통해 학부모들이 실제 코딩 교육에 대한 수요가 있는지 확인했다. 그 후, 학생들의 만족도가 높아 학원생 수가 늘어나는 시점에서 확장을 통해 성장했다.

먼저 가설을 세우고 검증한다. 이것은 매우 중요하다. 실제로 시장성이 검증되면 확장하는 것이 1인 창업, 스타트업, 소상공인들에게 가장 필요한 핵심 전략이다.

Chapter 05

패스트 마케팅은 어떤 과정으로 이루어지는가

패스트 마케팅 순서와 과정을 세우는 데 나는 『원 위크 마케팅』의 저자 마크 새터필드에게 영향을 받았다. 마크 새터필드가 제시한 원 위크 마케팅 순서와 과정은 다음과 같다.

- ▶ 1일차: 틈새를 찾고 전략 세우기(시장조사)
- ▶ 2일차: 무료 리포트(소책자, 무료 영상, 무료 샘플 등)
- ▶ 3일차: 랜딩페이지
- ▶ 4일차: 자동화 세팅(스텝메일, 스텝문자, 뉴스 레터)
- ▶ 5일차: 광고

▶ 6일차 : 광고

▶ 7일차 : 데이터 분석 유지 또는 전략 수정

이것을 국내 실정에 맞게 적용한 패스트 마케팅 순서와 과정도 총 7단계로 나눌 수 있다.

▶ 1단계 : 가설 세우기(시장조사, 나의 상품 및 서비스 차별화, 타깃팅)

▶ 2단계 : 무료 소책자 만들기

▶ 3단계 : 랜딩페이지 제작 후 퍼포먼스 마케팅(고객 데이터 확보)

▶ 4단계 : 자동화 마케팅(스텝메일, 스텝문자)

▶ 5단계 : 플랫폼 유입(블로그, 유튜브, 오픈 채팅)

▶ 6단계 : 데이터 분석 유지 또는 전략 수정

▶ 7단계 : 네이버 카페 유입 및 브랜딩 고객을 가두고 육성

패스트 마케팅 순서와 과정을 크게 3단계로 나누면 다음과 같다.

패스트 마케팅 1단계: 린 스타트업

패스트 마케팅 1단계에서는 가설을 세우고 스텝콘텐츠를 세팅한다. 그런 다음 하나의 유입 모델을 가지고 잠재 고객의 정보를 확보할 수 있는 랜딩페이지와 스텝콘텐츠를 만든다. 자동화 툴로 내가 수동으로 보내지 않아도 알아서 마치 직원들이 주기적으로 보내듯 스텝콘텐츠가 가도록 세팅한다. 1단계는 결과적으로 내가 원하는 행동을 유도하는 일련의 과정을 만드는 단계다.

패스트 마케팅 2단계: 유입 모델 확장

패스트 마케팅 2단계는 개개인 상품 서비스의 특징, 실제 나와 친숙한 플랫폼에 따라 나뉜다. 나의 상품과 서비스가 블로그와 잘 맞는다면 블로그로 한다. 유튜브나 인스타그램과 맞는다면 유튜브, 인스타그램 등으로 나눈다. 자신의 상품이나 서비스와 맞는 광고 플랫폼을 구축하는 단계다. 나는 개인적으로 모든 플랫폼에 전부 노출시키는 전략을 선호한다.

이렇게 수익을 만들어냈다면 잠재 고객을 꾸준히 육성하고 가두어둘 플랫폼이 필요하다. '가두어둘 플랫폼'은 내가 착안해낸 용어다.

가두어둘 플랫폼은 네이버 카페, 카카오 오픈 채팅 등이다. 내가 무료 정보를 제공하는 곳이다. 또한 커뮤니티 등을 통해 꾸준히 다양한 강의와 정보, 다른 사람들(수강생)의 성공 스토리를 전달할 수 있는 곳이다. 2단계에서는 수익과 더불어 본격적으로 브랜딩이 이루어지는 단계다. 블로그 포스팅을 통해 이벤트를 기획하고 네이버 카페나 카카오 오픈 채팅으로 유입시킨다. 그렇게 더욱 많은 무료 자료와 온라인 강의 등을 통해 계정을 키우면서 브랜딩까지 같이 한다. 유입 모델과 브랜딩 두 마리 토끼를 동시에 잡는 것이다. 유입 모델이 이렇게 안정화되었다면 이제 패스트 마케팅 3단계에 돌입한다.

패스트 마케팅 3단계: 전환 모델 자동화 마케팅

자동화 마케팅으로 내가 보낸 이메일이나 소책자를 통해 링크를 클릭한 사람에게만 이벤트성 메시지를 보낸다. 그렇지 않은 사람에게는 정보성 콘텐츠를 보내는 식으로 고객의 행동에 따라 다르게 세팅하는 단계다. 이때는 자동화 마케팅 툴에서 블로그, 카페, 유튜브 등을 통해 유기적으로 순환된다.

여기에서 가장 중요한 점은 서비스나 제품을 팔려고 하는 것이 아니라 고객에게 도움을 준다는 생각이다. 고객이 필요로 하는 정보를 무료로 제공하면 여러분의 제품과 서비스는 더욱 성장할 수 있다. '무료로 주기만 하면 언제 수익을 내느냐?'라고 생각할 수도 있다. 그러나 고객의 구매 욕구가 생기기 전에 판매를 시작하는 건 오히려 불매 심리를 일으킬 뿐이다. 판매를 강요하면 고객은 '좀 더 싸게'라는 식으로 매달린다. 하지만 '나에게 파세요'라며 의뢰하는 입장이 되면 가격은 더 이상 중요하지 않다.

패스트 마케팅 과정을 실제 수강생 사례인 피부 관리에 접목해 보자. 최상위 피부에 관심이 많은 사람들은 이미 피부 관리를 위해 검색이나 주위의 조언 등을 통해 원하는 피부과와 가격을 결정한 상태다.

그 아래 17%의 고객들은 정보 탐색 단계에 있다. 현재 바로 구매할 생각은 없다. 하지만 이들 역시 다양한 상품의 정보를 열심히 검색하고 비교해보고 있는 고객들이다. 아직 구매 결정 단계까지 도달하지는 못했으나, 인터넷에서 '피부 관리' 또는 '기미, 트러블, 여드름' 등을 검색한다. 다양한 영상과 정보를 검색하며 나와 잘 맞는 피부과가 어디인지 고민한다. 점점 구매욕을 올리고 있는 단계라고 볼 수 있다.

그 아래 20%의 고객들은 문제 인식 단계에 있는 고객들이다. 이들은 현재 피부 트러블 등으로 고민 중이다. '지금 내가 사용하는 화장품이 나와 잘 맞지 않는 건 아닐까?'라는 생각도 한다. 그러나 아직 구매에는 특별히 관심이 없는 고객들이다. 이들은 인터넷 정보를 통해 피부 트러블 없애는 방법, 또는 아침 방송 등을 보며 집에서 해결할 수 있는 방법은 없는지 고민하고 있다. 하지만 구매 의지는 없다.

마지막으로 최하단에 있는 60%의 사람들은 피부 트러블이 있지만 화장품이 나랑 잘 안 맞나 보지 하며 잠깐 고민하다가 이내

잊어버린다. 최하단의 고객들은 현재 나의 피부 타입, 화장품 등에 대한 지식도 많지 않고 피부 관리에 대한 문제 인식도 크게 못 느끼고 있다. 우리는 상위 20% 고객이 아닌 하위 80% 고객을 타깃으로 정하고 페르소나를 먼저 정해야 한다.

페르소나persona란 고대 그리스 가면극에서 배우들이 썼다가 벗었다가 하는 가면을 말한다. 마케팅에서는 어떤 제품 혹은 서비스를 사용할 만한 목표 인구 집단 안에 있는 다양한 사용자 유형들을 대표하는 '가상의 인물'이다. 페르소나는 시장과 환경, 사용자를 이해하기 위해 활용된다. 어떤 특정한 상황과 환경 속에서 어떤 전형적인 인물이 어떻게 이동할 것인지 예측한 모델로 실제 사용자 자료를 바탕으로 개인의 개성을 부여해 만들어지는 경우가 많다.

30대에 피부 관리에 흥미를 느끼고 관심을 갖게 된 사회 초년생 직장인 여자가 있다고 가정해보자. 나의 피부 타입에 따라 세안은 어떻게 하는 것이 좋은지, 어떤 화장품을 선택해야 하는지, 피부 관리를 왜 해야 하는지, 어떤 문제점이 있는지 전혀 인식조차 못했을 것이다. 그러던 어느 날 '피부 트러블,여드름 때문에 고민이라면 피해야 할 습관 BEST 5'라는 무료 자료 이벤트 광고를 보게 된다. 현재 트러블이나 여드름 때문에 고생하고 있고 병원 치료를 받고 있었다면 혹시 나의 잘못된 습관 때문이 아닐까? 하는 생각에 자료를 다운로드하게 된다.

이렇게 자료를 다운로드하고 고객 DB를 얻으면 1차 타깃팅이 이루어진다. 즉, 관심 있는 잠재 고객을 1차로 선별하게 된 것이다. 그리고 고객은 다운로드한 자료를 읽게 된다. 해당 자료에는 피부 타입 체크하는 방법, 올바른 세안법, 집에서 만드는 마스크팩 등 무료로 다운로드 받았지만 그동안 잘 알지 못했던 양질의 정보들이 들어 있다. 피부 타입별 추천 화장품 정보 및 피부 관리샵 홈페이지 또는 블로그 링크를 남겨둔다. 바로 이 단계에서 구매가 일어날 수 있다. 그러나 현실적으로는 쉽지 않다. 우리는 잠재 고객을 육성하는 게 목적이다. 바로 구매가 일어나지 않는다고 해서 실망할 이유는 없다. 잠재 고객 육성 단계는 이제 막 시작되었을 뿐이다.

자료를 본 후 실제 세안법을 바꾸고 트러블이 개선되면 해당 자료의 내용이 전부 현실로 다가온다. 아침마다 거울을 볼 때 스트레스였던 여드름과 트러블이 잦아들면서 무심코 봤던 자료의 내용이 전부 나의 이야기가 되는 시점이다. 이제 슬슬 나의 잘못된 습관에 대해 생각하게 된다. 그리고 해당 자료를 다시 주의 깊게 읽는다. 마지막 부분에 이런 내용이 시선을 끈다. "세안법을 바꾸고 셀프 마스크팩만으로 트러블을 일부 개선할 수 있습니다. 하지만 계속 깨끗한 도자기 피부를 원하신다면 내 피부를 정확하게 테스트하고 그에 맞는 관리와 화장품을 선택하는 것이 필수입니다. 더욱 아름다운 피부를 유지할 수 있게 영상 자료를 보내드리도록 하겠습니다."

다음 날 세안법 영상 자료를 스텝메일과 스텝문자로 받는다. 그다음 날에는 "한 달 만에 수술 없이 도자기 피부 만드는 꿀팁 영상", 또 그다음 날에는 "여드름 잠재우는 피부 셀프 테라피 스킬 5가지" 등 피부 트러블이 있다면 흥미를 가질 만한 내용으로 구성된 영상 자료를 본다. "실제 피부 관리를 받고 추천 화장품을 쓰기 전과 후 달라진 모습들과 고객들의 후기 영상"을 같이 보낸다. 이제 피부 진단 및 추천 화장품에 관한 구매 욕구가 솟구치기 시작한다. 피부 진단을 받고 화장품만 바꿔도 트러블과 여드름은 나와는 거리가 먼 이야기가 될 것 같은 믿음이 생기기 때문이다.

이때 우리는 자동화된 문자 하나를 보내게 된다. "이 문자를 본 당신에게만 특별한 혜택을 드립니다. 당신에게 피부 진단, 무료 1회 피부 관리권, 10회 피부 관리권 30% 할인 혜택까지. 단, 해당 이벤트는 업체 사정으로 3일간만 진행합니다. 이후에는 정상 가격으로 웹사이트를 통해 구매하셔야 합니다."

실제 여기에서 많은 구매가 이루어진다. 하지만 피부 관리 10회권이 고가인 점을 미루어 보면 구매 전환이 일어나지 않을 수도 있다. 그래서 구매 전환이 일어나지 않았다고 가정해본다. 우리는 고객에게 한 번 더 시간을 줄 수 있는 링크를 보내준다. 웹사이트나 블로그를 통해 더 많은 자료와 후기 등을 통해 의심을 확신으로 바꾸어준다. 무리한 지출로 고민하는 고객에게 지금 결정해야 한다고 구매를 촉구한다. 동시에 브랜딩을 하기 위해 가입 멤버십 혜택 등 다양한 이벤트와 쉬운 결제 방식을 제공한다.

처음에는 피부 관리에 문외한이었고 관심도 없던 고객이 문제를 인식하고 '이제는 아무 화장품이나 쓰거나 피부 관리를 소홀히 하면 안 되겠구나!'라는 심화 과정을 거쳐 결국 피부 진단에 흥미를 갖고 구매에 이른다. 이 과정에서 '조만간 고객'이 '지금 바로 고객'으로 바뀌는 놀라운 경험도 한다. 문제 인식이 없어 필요하지 않았는데 문제 인식을 하고 정보를 계속 접하게 되니 이건 사야겠다는 생각을 하게 되는 것이다. 이렇게 정보량의 증가는 구매 의욕을 불러일으키고 신뢰 관계를 형성한다. 이렇게 쌓인 신뢰는 제품이나 서비스에 큰 문제가 없는 한 재구매로 이어지고, 각종 혜택을 통해 고객을 우리 회사의 팬으로 만든다. 구매로 전환되면 좋지만 그렇지 않더라도 우리 브랜드를 고객의 뇌리에 각인시킨다.

이것이 패스트 마케팅의 핵심이다.

오로지 여러분이 보낸 정보를 통해 인식부터 구매까지 이르는 과정에 당신의 경쟁자는 개입할 수 없다. 모든 정보는 당신을 통해 알게 되었고 이로써 신뢰가 구축되었기 때문이다. 신뢰가 구축되었다면 설사 당신의 경쟁자가 더욱 저렴한 금액을 제시한다고 해도 사람들은 당신의 물건을 구매한다.

그렇다면 그 이유는 무엇일까? 같은 제품이라도 비싼 제품은 진짜고 싼 제품은 가짜라는 생각 때문이다. 경쟁자의 제품은 신뢰가 구축되어 있지 않기 때문에 제품에 무슨 문제가 있는 건 아닌가 의심부터 하게 된다. 금액의 차이가 크지 않다면 계속 정보를 제공한 당신에게 미안한 마음이 들어서라도 구매를 결정한다. 이것이 바로 하위 80%를 경쟁 없이 선점하는 방법이다.

이번에는 나의 실제 사례를 살펴보겠다. 이 사례는 내가 직접 가설을 세우고 수익까지 얻은 방법이다.

'패스트 마케팅의 블로그 편: 빠르게 수익 얻는 블로그'라는 이름으로 블로그 강의를 기획했다. 블로그는 마케팅에 입문하기가 가장 쉽고 접근이 용이하기 때문에 블로그 강의를 먼저 가설로 잡았다. 일기로만 블로그를 활용하고 있지만 부업으로 수익을 얻고자 하는 30~50대 전업주부를 타깃으로 잡았다. 초기에 타깃은 최대한 좁게 잡고 서서히 넓혀나가는 것이 중요하다. 자세한 내용은 뒤에 타깃팅 편에서 다루도록 하겠다.

이렇게 부업을 하고자 하는 전업주부를 타깃으로 잡은 이유는 블로그로 월 150~300만 원을 벌 수 있는 방법을 알려줄 확실한 방법이 있었기 때문이다. 시장조사 결과 대부분의 블로그 강의는 일반인이 수익을 얻을 수 있는 수익화 블로그가 아니었다. 브랜딩 블로그에 초점이 맞춰져 있다는 사실도 확인했다.

이렇게 시장조사를 하고 타깃을 잡고 하나의 가설을 만들었다. "경단녀 주부가 하루 2시간 집에서 블로그로 월급 버는 특별한 방법"이라고 카피를 만들고 가설을 검증하기 위해 소책자를 만들어 광고를 시작했다.

> 당신이 아무리 고가의 블로그 강의를 듣고 '1일 1포' 해도 수입을 얻지 못했던 이유(무료 공유 수익화 블로그 PDF)

블로그를 하고 있지만 수익으로 연결되지 않았던 사람이라면 제목이 왠지 내 이야기를 하는 것 같다. 그래서 클릭하고 다운로드까지 받게 된다. 무료 소책자이기 때문에 읽어봐도 손해 볼 건 없다고 생각한다. 자료를 보니 '아! 내가 정말 블로그를 이상한 방법으로 운영해왔구나! 그래서 수익을 얻지 못한 거로구나!'라는 생각을 갖게 된다. 해당 자료 마지막 부분에는 "정말 블로그로 돈을 벌고 싶으신가요? 더 많은 무료 정보는 이곳을 통해 확인 가능합니다.(블로그, 유튜브 링크)"

둘째 날 스텝메일과 스텝문자를 통해 블로그에 관한 유용한 정보를 받게 된다. 영상이나 글로 된 자료에는 블로그 기획부터 각종 꿀팁까지 정보가 가득하다. 이 영상 마지막에는 "잘 팔리는 블로그에는 결국 꽂히는 카피와 기획이 필요하다"라고 말하면서 영상이 마무리된다. 다음에 발송될 스텝메일이나 스텝문자를 예고하는 것이다. 셋째 날에는 예고했듯이 꽂히는 카피와 기획에 관한 내용이 스텝메일이나 메시지를 통해 날아온다.

넷째 날에는 유용한 정보뿐 아니라 실제 블로그 컨설팅을 받은 사람들의 블로그 수익화 사례를 함께 확인할 수 있고, 더 많은 자료와 후기 보기 링크를 통해 블로그나 홈페이지를 걸어둔다. 여기에 나의 상품이나 서비스를 이용하라는 구매 권유는 들어 있지 않다. 고객 스스로 '나도 할 수 있을까? 또는 '나도 한번 도전해볼까?'라는 생각을 점점 키워나가는 동기부여를 했다면 그것으로 충분하다.

다섯째 날 스텝문자나 스텝메일에는 "혼자 블로그를 운영하기 힘든 사람들을 위한 팔리는 블로그 컨설팅을 진행합니다. 블로그 운영 방향성과 현재 블로그 레벨에 따른 수익화를 얻기 위한 구체적인 방법까지 얻을 수 있습니다. 해당 컨설팅은 원래 50만 원이지만 이 문자메시지를 확인하신 분들에 한해 딱 5일간만 5만 원에 진행합니다. 나의 블로그에 어떤 문제점이 있는지 이번 기회에 진단받아보세요."

실제 블로그 100일 챌린지보다 컨설팅을 신청한 사람이 무려 세 배 이상 많았다. 이렇게 처음에는 관심도 문제 인식도 없던 고객들이 구매에 이르게 된다. 이 모든 과정은 심리학적으로 설명이 가능하다. 사람이 설득되는 데 가장 중요한 3가지 요소가 있다. 권위, 반복, 호혜성이다. 우리는 스텝콘텐츠(PDF, 영상, 이메일, 문자) 등을 통해 이 3가지 설득 요소를 충족시킬 수 있다.

첫 번째는 권위다. 우리가 최소한 우리 상품과 관련된 지식에 대해서는 우월한 권위자로 비쳐질 수 있다. 골프 초보자들이나 블로그를 처음 시작하는 사람들에게 우리는 그들을 이끌어줄 수 있는 선생님이자 권위자로 포지셔닝될 수 있다.

두 번째는 반복이다. 어떤 물건을 한 번 보고 바로 구매하는 사람은 지금 당장 그 물건이 필요한 사람들일 것이다. 우리는 이런 고객들이 아닌 문제 인식조차 안 된 사람들을 타깃으로 삼기 때문에 우리가 한 번 보낸 자료로 바로 구매에 이르기는 쉽지 않다. 계속 도움이 되는 정보를 제공해 구매 욕구를 서서히 끌어올려야 친근감과 신뢰감을 쌓을 수 있다. 반복된 스텝메일과 스텝문자를 통해 우리가 고객에게 물건이나 서비스를 판매하는 사람이 아니라 도움을 주는 사람으로 인식시킬 수 있다.

세 번째는 호혜성이다. 로버트 치알디니의 『설득의 심리학』에서는 기꺼이 베풀었을 때 쉽게 얻어올 수 있는 이유를 호혜성의 법칙으로 설명한다. "호혜성의 법칙에 따르면, 인간은 누군가로부터 호의를 받으면 그에 상응하는 무언가를 갚고자 하는 빚진 감정을 느낀다." 사람은 누구나 무언가를 받으면 다시 돌려주고 싶은 마음을 가진다. 우리의 스텝콘텐츠를 본 고객들은 받은 것에 대해 뭐라도 보답하고 싶은 심리가 생긴다. 이 심리는 나중에 우리가 그들에게 어떤 액션을 유도할 때 발동된다. 이것이 고객에게 먼저 실제로 도움이 되는 정보를 무료로 제공해야 하는 가장 중요한 이유다.

핵심 내용

❶ 가설을 세우고 검증하고 확장하라.

❷ 고객에게 정보를 제공하고, 잠재 고객을 육성하고, 그들을 가두고 하나로 묶어야 한다.

핵심 과제

❶ 나는 무엇을 팔 것인가?

❷ 내가 팔려고 하는 상품과 서비스의 경쟁자는 누구인가?

❸ 내가 팔려고 하는 상품과 서비스의 시장성은 어떤가?

❹ 나의 상품과 서비스를 누구에게 팔 것인가?

PART 02

창업의 시작은 가설 세우기부터

Chapter 01

가설 세우기 1단계: 무엇을 팔 것인가?

나는 무엇을 팔 것인가? 가설 세우기 1단계부터 고민하는 분들이 많을 것이라 생각한다. 현재 자신의 제품이나 서비스가 있다면 가설 세우기 1단계에서 나의 제품이나 서비스는 경쟁 업체와 어떤 차별성이 있는지 체크해야 한다. 아직 무엇을 팔 것인지 고민 중이라면 중요한 단계이니 꼼꼼히 읽고 체크해보길 바란다.

가설 세우기 1단계에서는 나의 제품과 서비스를 차별화해야 한다. 대부분은 자신의 상품이나 서비스에만 몰두해 자신의 눈으로만 세상을 바라본다. 우리는 잠재 고객들이 우리의 제품에 별다른 관심이 없다는 사실을 깨닫지 못한다. 고객의 관심을 붙잡아

두려면 우리의 이야기가 아닌 고객의 이야기를 들려줘야 한다. 고객의 세상은 고객을 중심으로 돌아가기 때문이다. 고객이 가장 좋아하는 주제는 고객 자신의 이야기다.

내가 파는 제품과 서비스에 집중한다면 고객은 눈을 돌린다. 하지만 고객이 원하는 제품과 서비스에 초점을 맞춘다면 고객의 지갑이 열릴 것이다. 나의 제품과 서비스는 고객에게 어떤 가치를 줄 수 있는가? 고객에게 어떻게 도움이 될 것인가? 이것을 고민해야 한다.

우리 제품은 누가 만들었고, 어떤 상을 받았으며, 어떤 기능이 있다는 등등의 이야기는 하지 말아야 한다. 우리 제품과 서비스는 고객의 삶에 어떤 유익과 편리함과 가치를 줄 수 있는지 이야기해야 한다. 아직도 가격이 싸야 고객이 구매할 것이라고 생각하는가. 대기업이 동네 상권을 잠식해가고 있다. 이것은 어제 오늘의 이야기가 아니다. 대기업의 가격 전략에 동네 슈퍼는 절대 상대할 수 없다. 그렇다면 동네 상권은 대기업을 절대 이길 수 없을까? 이에 관한 사례로 월마트 효과를 비유해보자.

월마트 효과란 다음과 같다.

> 월마트가 할 수 없는 일은 고급 서비스를 제공하는 것이다. 즉, 월마트는 값싸고 좋은 물건을 제공한다는 것이 슬로건이다. 좋은 물건은 가격이 싸고 합리적인 물건일 것이다. 그렇다면 해

당 지역의 소매업자들은 월마트보다 높은 수준의 서비스와 가치를 제공해야 한다. 다시 말해, 월마트와 가격 경쟁을 그만두고 고급 소매점으로 변신해야 한다.

하지만 과연 그것이 가능할까? 대중에게 많이 알려진 '청년 채소'의 사례를 들 것도 없다. 대형 마트도 아닌 조그마한 채소 가게에 사람들이 줄을 서서 기다리는 것을 우리는 주위에서 심심치 않게 볼 수 있다. 소비자들은 조그마한 채소 가게가 단지 저렴해 줄을 서서 기다리는 것일까? 매번 강조하지만 소비자는 가격이 싸다고 지갑을 여는 것은 아니다. 분명 가격은 대형 마트가 더 경쟁력이 있다. 그러나 산지에서 직접 공수해 온 싱싱하지만 저렴한 채소, 당일 판매를 원칙으로 하는 신뢰가 바탕이 된 신선도 전략, 제철 과일과 시즌에 맞춘 채소, 이 모든 조건이 맞아떨어진다면 조그마한 동네 채소 가게도 대형 마트를 이길 수 있는 강력한 힘이 생긴다.

줄 서는 채소 가게 사장님에게 비법을 물어보니 이렇게 대답했다. "장사란 최대한 저렴하게 물건을 구해 싸게 팔든지, 아니면 최고의 물건을 팔든지 둘 중 하나입니다."

여러분의 제품과 서비스에는 어떤 차별성이 있는지 고민해보자. 왜 고객이 경쟁자가 아닌 나의 제품을 사야 하는가? 나의 제품과 서비스는 어떤 차별성을 제공할 수 있는가? 나만의 서비스나 제품의 차별성이 너무 고민된다면 서비스+제품 또는 서비스+서비스와 같이 고객에게 특별한 가치를 줄 수 있는 것이 무엇인지 찾아보길 바란다.

가설 세우기 1단계에서 무엇을 팔아야 할지 모르겠다면 이 전략을 이용해보자. 마케팅과 기술이 만나면 무엇이든 팔 수 있는 콘텐츠가 생긴다. 몇 가지 예를 들어보자. 얼마 전 지인에게 이 이야기를 듣고 무릎을 탁 치게 되었다. 집 주변에 잘 팔리는 붕어빵 노점이 있는데, 붕어빵 만드는 기술과 재료를 싸게 구매하는 곳을 알려주는 비용이 500만 원이라는 것이다. 너무 비싸다고 생각하는가?

그동안 우리는 관심이 없었을 뿐 요리 레시피부터 마인드 컨트롤과 장사하는 법까지 자신의 재능을 판매하는 사람은 과거에도 현재도 얼마든지 많았다. 학창 시절에도 수학, 영어 등 부족한 과목을 배우기 위해 학원을 다니지 않았는가? 공부를 잘하는 방법도 돈을 주고 배운다. 더 많은 돈을 버는 방법도 자신의 문제를 해결하고 컨설팅을 해주는데 당연히 많은 돈을 주고서라도 배워야 하는 것 아닐까?

대부분의 사람들은 자신이 잘하는 것이 무엇인지, 좋아하는 것이 무엇인지 찾아보라고 하면 "전 특별한 재능이 없어요"라고 말한다. 만일 여러분도 내가 잘하는 것이 무엇인지, 어떤 것을 좋아하는지 모르겠다면 다음 몇 가지를 참고해 찾아보길 바란다.

- ▶ 연애
- ▶ 인간관계
- ▶ 화술
- ▶ 결혼 생활
- ▶ 자녀 양육
- ▶ 정신 건강
- ▶ 마케팅
- ▶ 성공, 돈, 사업
- ▶ 재테크

위에 제시된 분야 외에도 사람들이 살아가면서 궁금하고 상담이 필요한 영역은 무궁무진하다. 대화하고 의논할 사람들이 부족한 오늘날은 더욱 그렇다. 당신의 지식과 정보가 필요한 사람들은 지금도 무수히 많다. 그래도 여전히 자신이 깨달은 지식과 방법을 전달하는 것이 주저되는가?

『성공하는 사람들의 7가지 습관』을 저술한 스티븐 코비는 현재 10억 달러의 가치를 지닌 교육 기업을 구축했다. 그가 출간한 책은 25년 동안 비즈니스 부문 베스트셀러 자리를 차지하고 있다. 스티븐 코비는 단지 성공한 사람들의 공통적인 습관을 조사하고 이를 정리했을 뿐이다.

유튜버 이리앨(이상한 리뷰의 앨리스) 역시 영상에서 성공한 사람들의 습관이나 유명한 사람들의 메시지를 모아 전달하고 34만 명의 구독자를 보유하며 승승장구하고 있다. 누구든 살아오면서 다른 누구보다 먼저 또는 뛰어나게 성공한 경험이 있다. 그 과정에서 배운 교훈이나 노하우는 다른 사람들에게 도움이 된다는 점을 항상 기억하길 바란다. 당신은 취업 면접 방법과 빨리 승진하는 요령을 알지만 취업해본 적 없는 사람들은 그것을 모른다. 당신은 행복한 연애를 수도 없이 했지만 연애 한 번 제대로 못해본 사람들은 우리 주위에 얼마든지 있다. 내가 지금까지 살아오면서 배우고 경험한 모든 것의 목록을 한번 만들어보자.

내가 남들보다 꼭 잘하는 것이 아니어도 좋다. 현재 남들보다 못해도 관심 있는 분야나 배우고 싶은 분야도 꾸준히 배울 의지만 있다면 충분하다. 어떤 분야라도 미리 팔아보기 콘텐츠를 만들기 위해 여러분이 꼭 성공한 사람일 필요는 없다. 지금은 지식의 초보가 지식의 왕초보에게 알려주는 시대이기 때문이다.

자청의 『역행자』에는 이런 내용이 나온다. "하위권 전문 과외, 그동안 내가 얼마나 공부를 못했는지, 그러나 어떻게 영어와 수학의 등급을 끌어올렸는지 구체적인 스토리와 방법을 적었다. 그러자 놀랍게도 전화가 빗발쳤다." 오히려 고수가 초보를 알려줄 때 초보 입장에서 더 어려울지 모른다. 오히려 초보가 자신의 입장에서 이해하기 힘들었던 부분을 왕초보에게 이해하기 쉽게 알려줄 수 있다.

브랜든 버처드는 『백만장자 메신저』에서 이렇게 말한다. "만약 한 번도 부동산에 투자한 적 없는 사람이 세계 최고의 부동산 재벌 20명을 인터뷰해 그들의 가르침을 5단계 시스템으로 요약했다면 어떨까? 단지 그 사람이 투자해본 적이 없다고 해서 그 사람의 조언을 무시할 것인가? 사람들이 가치를 느끼는 주제를 찾아 연구하고 성공한 사람을 인터뷰해 알게 된 내용을 종합한다. 그리고 그 내용을 다른 사람들이 배워서 삶을 개선할 수 있도록 판매하는 것이다." 이렇게 탄생한 콘텐츠는 유튜브를 검색하면 이리앨(이상한 리뷰의 앨리스)이 아니더라도 얼마든지 찾아볼 수 있다. 아직 무엇을 팔아야 할지 모르겠다고 가설 세우기 1단계를 주저하고 있다면 다음의 3가지 질문에 대한 답을 먼저 정리해보길 바란다.

1. 내가 잘하는 것은 무엇인가?
   - 남들보다 빨리 성공한 경험
   - 남들보다 돈을 더 많이 벌었던 경험
   - 많은 사람이 나에게 질문하고 물어본 것들
2. 내가 관심 있고 좋아하는 것은 무엇인가?
   - 관심 있는 분야, 좋아하는 분야, 배우고 싶은 분야
3. 미래에 내가 하고 싶은 일은 무엇인가?

내가 존경하는 롤 모델이 있다면 그 롤 모델부터 시작해 비슷한 분야의 전문가를 찾고 그들의 스토리를 들어보자. 유튜버 신사임당이 유튜브에서 "단군 이래 가장 돈 벌기 쉬운 시대"라고 한 말에 나는 적극 동의한다. 이제는 내가 하고자 하는 분야, 관심 있는 분야의 전문가는 책뿐 아니라 유튜브에서 얼마든지 찾을 수 있기 때문이다. 롤 모델이 지은 책을 읽거나 영상을 보면서 성공 스토리를 벤치마킹하면 된다. 너무 모방하는 것 같아 거부감이 드는가? 우리가 알고 있는 세계적인 명화도 모방에서 시작했고 이미 성공한 사람들도 그보다 먼저 성공한 사람들의 발자취를 쫓고 롤 모델을 만들고 벤치마킹하면서 그 자리에 올라섰다. 그러므로 전혀 부끄러운 일이 아니다.

하지만 아직 내가 무엇을 해야 할지 몰라 자신만의 콘텐츠를 찾기 어려운 사람들은 어떻게 해야 할까? 전문가들의 생각과 가치를 모아 하나의 콘텐츠로 만들고 이것을 전달하면서 콘텐츠를 만들어나가면 된다. 바로 유튜버 이상한 리뷰의 앨리스처럼 말이다. 이것이 중요하다. 여러분이 해당 분야의 전문가가 아니어도 시작할 수 있다. 전문가의 생각에 나의 생각을 더하면 얼마든지 콘텐츠를 만들 수 있다. 단지 지금 당장 시작하느냐 안 하느냐만이 문제일 뿐이다.

Chapter 02

가설 세우기 2단계: 누구에게 팔 것인가?

여러분이 가설 세우기 1단계에서 찾아낸 콘텐츠가 이미 시장에 나와 있지 않을 가능성은 거의 없다. 그렇다고 실망할 필요는 없다. 오히려 시장에 없는 상품이라면 문제가 더욱 심각하다. 시장성 자체가 없는 상품일 수 있기 때문이다. 이미 나와 있다는 건 시장성이 있다는 뜻이고 그렇다면 우리는 더 쉽게 성장할 수 있다. 기존에 없던 제품이나 서비스가 시장에 처음 나오면 시장의 선두 주자는 될 수 있지만, 오랜 시간 시장에서 검증을 거쳐야 하므로 많은 리스크를 동반한다. 이 과정에서 실제 많은 기업이 사라지기도 한다. 지금까지 살아남은 시장의 선두 주자는 모든 리스크를 이겨내며 완벽하게 검증된 기업들이다. 우리는 이들을 벤치마킹하고 분석하고 틈새시장을 찾아내기만 하면 된다. 다음에 소개할 가설 세우기 방식은『부의 치트키』에서 제시한 방식을 좀 더 확장시킨 것이다.

첫째, 내가 정한 주제에서 불편함과 문제점, 그리고 시장성을 찾는 방식이다. 불편함과 문제점을 인지했다면 이 문제를 해결하고 있는 시장이 있는지 먼저 파악해야 한다. 그리고 만약 시장이 있다면 얼마나 잘 운영되고 있는지 판단해야 한다. 시장이 없다면 문제점을 해결할 수 있는 가설을 세우고, 소비자의 니즈를 파악해 문제 해결 방법을 찾는다.

블로그 강의 시장을 예로 들어보자. 처음에는 시장성을 파악하는 것이다. 실제로 전자책, 유튜브 영상, 온라인 클래스 등 블로그 관련 강의는 포화 상태다. 공급이 있다는 것은 수요가 있다는 가정에서 출발한다.

그다음은 문제점을 판단한다. 블로그 마케팅에 관한 고가의 책과 고가의 강의를 듣고 현재 유튜브의 블로그 강의를 찾아서 들어본다. 유튜브에 공개된 정보는 자신의 강의로 유입하기 위해 핵심이 없는 내용만 말하고 있다. 고가의 강의 역시 블로그 브랜딩에 관련된 내용이 대부분이다. 블로그 자체로 돈을 벌 수 있는 방법은 이런 방법들이 있다는 정도의 지식만 알려준다. 브랜딩 블로그가 아닌 블로그 자체로 돈을 벌 수 있는 방법을 강의로 만들어보는 건 어떨까?

그리고 소비자의 니즈를 파악한다. 브랜딩 블로그는 사업하는 사람들이 블로그로 자신의 브랜드를 브랜딩 하는 과정이다. 개인이 자신의 상품이 없는 상태에서 이 강의는 단순히 상위 노출 방법, 키워드 잡는 방법에 만족할 수밖에 없다. 즉, 블로그 자체로 돈을 버는 것이 아닌 다른 상품을 홍보하고 제품이나 소소한 금액을 얻는 방법뿐이다. 이렇게 블로그로 부입이라고 할 만한 수익을 얻기 힘들다는 틈새를 발견한다. 이러한 가설로 블로그 자체로 수익을 얻을 수 있는 수익화 블로그 강의를 개설한다.

또한 대부분의 강의가 네이버 블로그 아니면 티스토리 블로그로 구분되어 있다. 이 두 개를 합쳐서 강의를 한다면 차별화가 될 수 있다.

둘째, 이미 성장한 큰 시장을 발견하고 시장에서 문제점을 좁혀나가는 방식이다. 이것은 시장의 트렌드 변화를 주시하고 시장 속에서 내가 해결할 수 있는 문제를 찾아내는 방식이다. 이 시장은 이미 성숙한 시장이고 선발 주자는 업계에서 승승장구하고 있는 거대한 경쟁자일지 모른다. 과연 경쟁이 될까 걱정되는 것도 당연하다.

만약 여러분이 거대한 경쟁자와 동일한 상품이나 서비스로 정면 승부 한다면 십중팔구 여러분의 상품이나 서비스는 실패할 것이다. 하지만 모든 시장에서 그 누구도 독점은 불가능하다. 이미 성숙한 시장은 자신들만의 주력 상품이 있고 그것으로 수익을 거두고 있다. 따라서 다른 부분의 틈새까지 신경 쓸 여력이 없다. 우리는 여기에서 발생하는 틈새를 공략해야 한다. 예를 들어, 성숙한 시장의 월 매출 규모가 10억이라고 가정하고 1위 업체가 50%인 5억, 다른 경쟁 업체가 40%인 4억을 가져간다고 가정해보자. 그래도 우리의 목표는 10%, 아니 1%만 가져간다 해도 월 1,000만원의 수익을 얻게 된다. 허황된 목표로 여러분의 심장을 두근거리게 하고 싶지 않아 최대한 보수적으로 설정해보았다.

셋째, 자신이 좋아하거나 잘하는 것에서 찾는 방식이다. 아마도 이 방법이 이 책을 읽는 모든 분에게 가장 적합한 방식이 될 것 같다.

- ▶ 나는 무엇을 잘하는가
- ▶ 나는 무엇을 할 때 행복한가
- ▶ 현재 나의 관심사는 무엇인가
- ▶ 내가 정말 하고 싶지 않은 것은 무엇인가

먼저 내가 잘하는 것과 사람들이 필요로 하는 것, 그리고 내가 지치지 않고 꾸준히 할 수 있는 것을 찾아본다. 이것들의 교집합에서 한 가지를 찾을 수 있다. 내가 잘하는 것을 찾기가 어렵다면 먼저 내가 하고 싶지 않은 것을 찾아보길 바란다. 하고 싶지 않은 것을 찾으면 오히려 내가 하고 싶은 것을 쉽게 찾을 수 있다.

가설 세우기 단계에서 가장 중요한 것은 현재 시장에 없는 상품이나 서비스보다 현재 시장에 있는 상품이나 서비스를 찾아보는 것이다. 시장에 없는 상품을 내놓으면 내가 독보적인 존재가 될 수 있지만 시장성이 없어 아무도 도전하지 않은 것일지도 모른다. 반면, 경쟁이 치열하다면 그만큼 수요도 있다는 사실을 명심하자.

Chapter 03

가설 세우기 3단계:
차별성으로 경쟁자를 추격하라

숙박업소 예약 앱 '야놀자'는 데이트 명소, 맛집, 숙박업소 등을 소개하는 카페 커뮤니티에서 시작했다. 이후 몇 차례 위기를 겪다가 숙박업소 예약 앱 시장의 선두 주자가 되었다. 당시 숙박업소 예약은 네이버 플레이스를 통해 전화번호를 확인한 후 전화로 예약하거나, 직접 찾아가서 예약해야 하는 번거로움이 있었다. 야놀자는 예약의 불편함을 해소하는 것에서 시작했다. 하지만 초기에 숙박업소는 가격 공개를 꺼렸다. 실제 무료로 광고해준다고 제의해도 거절하는 곳이 많았다.

현재 우리가 알고 있는 소위 잘나간다는 대형 업체 역시 이렇게 처음부터 잘된 것은 아니다. 시장에서 선두 업체는 이 모든 리스크를 떠안아야 한다. 야놀자는 객실 정보와 금액 등을 확인하고 좀 더 저렴한 곳을 찾아 예약을 미리 할 수 있다는 장점이 있었다. 초기에 대중매체를 통한 공격적인 마케팅 전략으로 광고 효과를 본 숙박업체들이 야놀자와 계약하게 되었다. 이렇게 시장성이 확인되고 야놀자의 수익은 늘어났다.

야놀자의 성공으로 시장성을 확인한 후 후발 업체인 '여기어때'는 신동엽을 모델로 대중매체를 통한 공격적인 마케팅을 하며 빠르게 추격했다. 결국 현재 국내 숙박업소 예약 앱 시장의 2위 업체가 되었다. 시장에 선두 업체가 있다면 반드시 후발 경쟁 업체가 생겨나고 빠르게 추격한다.

> 가설을 찾았다면 빠르게 경쟁자를 추격하라. 이것이 그 가설을 빠르게 실행하는 최고의 전략이다.

초기 창업가들은 고객의 니즈를 읽는 감각이 절대적으로 떨어진다. 가설을 수립하려면 경쟁 업체 1~5위를 분석해야 한다. 그 후 빠르게 추격하는 벤치마킹 전략이 필요하다. 다시 한번 말하지만 시장에서 100% 독점은 불가능하다. 경쟁사의 전략을 벤치마킹하려면 먼저 업계 1등이 누구인지 찾는 것이 중요하다.

업계 1등을 벤치마킹하는 것은 빠르게 그들을 추격할 수 있는 효과적인 마케팅 전략이다. 벤치마킹하는 경쟁 업체의 타깃을 세분화해 더욱 좁힌다. 그런 다음 좁힌 타깃에게 더 많은 가치와 퀄리티, 서비스 및 제품을 제공하는 것에 집중한다. 이것이 중요하다. 시장의 선두 주자는 수많은 시행착오와 리스크를 겪으며 현재의 제품과 서비스를 만들어낼 수 있었다. 그러므로 최대한 벤치마킹을 해야 한다. 우리는 단지 그들을 벤치마킹함으로써 시행착오에 들어가는 비용과 시간을 줄일 수 있다.

Chapter 04

가설 세우기 4단계: 타깃을 세분화하라

가설 세우기 2단계에서 어느 정도 타깃은 설정되었다. 4단계에서는 그 타깃을 더욱 세분화하는 작업이 필요하다. 우리는 대기업이 아니다. 광고에 투자할 수 있는 비용은 한계가 있다. 따라서 적은 비용으로 큰 효과를 내기 위한 타깃팅이 가설 세우기에서 가장 중요한 단계다. 타깃을 명확히 설정하고 틈새시장을 공략하면 가격은 무의미해진다.

틈새시장을 장악하거나 보유한 뒤에 서서히 시장을 늘려가는 것이 중요하다. 우리의 상품을 어떤 사람이 구매할지 모른다는 이유로 모든 시장을 동시에 겨냥하는 것은 절대 금물이다. 타깃을 정하지 않고 사업을 시작한다는 것은 구매할 사람이 없는 물건을 만드는 것과 같다. 명확한 타깃을 정하고 좀 더 세분화하자. 이것만으로도 차별화가 가능하다. "타깃을 좁히면 좁힐수록 타깃은 넓어진다"라는 마케팅의 역설을 꼭 기억하길 바란다.

타깃팅할 때 체크해야 할 7가지

1. P(Problem) : 타깃의 문제점
2. V(Value to the marketplace) : 시장가치
3. P(Profitability) : 수익성
4. 성별, 연령
5. 직업
6. 지역
7. 차별화

위의 7가지를 고려하며 고객의 머릿속으로 들어가 그들 자신이 되어보자. 고객의 관점에서 고객의 삶을 마음속으로 그려보는 것이다. 내가 20대 여성이라면 그들이 살고 있는 지역에서 나의 제품은 어떤 점에서 도움이 되는가? 나의 제품이 도움을 준다면 그들은 얼마까지 돈을 지불할 수 있는가? 이런 식으로 분석하다 보면 온라인으로 판매할 것인지 오프라인으로 판매할 것인지도 결정할 수 있다.

가령, '집에서 할 수 있는 부업을 찾는 사람들'이라는 타깃은 너무 광범위하다. 집에서 재택근무로 육아까지 병행하며 월 100만 원 정도의 수익을 얻고 싶어 하는 30대 주부. 이렇게 타깃을 좁혀가야 한다. 부업을 하고 싶은 사람, 결혼 및 육아를 병행하는 주부, 30대 등 타깃을 세분화하면 훨씬 명확한 메시지와 카피를 만들 수 있다.

타깃팅 선정은 마케팅 과정에서 필수적인 첫 단계다. 타깃을 명확히 할수록 훨씬 더 큰 마케팅 효과를 볼 수 있다. 타깃 고객을 정했다면 노트에 메모하고 이제 나의 시점으로 돌아와 다음 7가지 질문에 답해보자.

타깃을 정하고 꼭 물어야 할 질문 7가지

1. 내가 시장에서 넘버원이 되기 위해 타깃을 얼마나 좁혀야 하는가?
2. 고객의 성별, 직업, 나이, 기타 특징 서술해보기(페르소나 만들기)
3. 고객이 다른 경쟁 업체가 아닌 나를 찾는다면 그들은 어떤 사람인가?
4. 타깃 고객은 어떤 꿈과 비전을 가지고 있는가?
5. 타깃 고객이 해결해야 할 고민이나 문제는 무엇인가?
6. 타깃 고객은 나의 상품 및 서비스를 통해 문제를 해결할 수 있는가?
7. 타깃 고객은 경쟁 업체가 아닌 나의 상품 및 서비스를 왜 사야 하는가?

나는 경쟁자들과 다르게 어떤 특별한 혜택을 고객에게 줄 수 있는지 고민해봐야 한다. 이 과정에서 대부분 가격 혜택만 생각한다. 싸야 팔리는 거 아닌가? 이 금액이라면 사람들이 구매하지 않을까? 이런 고민은 잠시 접어두길 바란다. 우리의 제품과 서비스는 고객들이 물건을 구입한 후에 파악할 수 있다. 직접 사용해보기 전에는 물건이 좋으면서 싼 것인지, 단지 싸기만 한 제품인지 알 수 없다. 가격이 중요한 것이 아니라, 나의 제품과 서비스가 고객에게 어떤 혜택을 주고 어떤 삶의 문제를 해결해줄 수 있는지가 중요하다.

Chapter 05

가설 세우기 5단계: 다음 가설을 준비하라

린 스타트업 창업의 핵심이라고 할 수 있는 가설 세우기, 미리 팔아보기 전략은 실제 시장에 상품을 내놓기 전에 시장성을 확인할 수 있다는 점이 가장 큰 매력이다. 하지만 여기서 한 가지 기억해야 할 사실이 있다. 가설 세우기는 절대 완벽할 수 없다는 것이다. 말 그대로 가설이므로 완벽한 가설을 만들려고 너무 많은 시간을 할애해서는 안 된다. 패스트 마케팅의 핵심은 '패스트[fast]'이다. 빠르게 가설을 세우고 검증해야 한다. 우리가 시장조사를 명확히 하고, 타깃을 세분화하고, 효과적인 카피를 만들었다고 해보자. 그럼에도 여전히 우리의 생각에서 출발한 가설일 뿐이다.

대기업에서도 소비자들의 연령별 행동 패턴 및 소비 심리를 파악하기 위해 많은 예산을 쏟아붓고 있지만 늘 완벽하지는 않다. 그런데 우리가 세운 가설이 한 번에 시장과 딱 맞아떨어질 리가 있겠는가. 우리의 상품과 서비스가 예상과는 다르게 시장에서 반응할 수도 있다. 반대로 반응이 없다면 어느 지점에서 고객들이 더 이상 반응하지 않는지 분석해야 한다. 그다음 그 부분을 개선해 다시 수정·보완하면서 반복하는 것이 패스트 마케팅 1단계의 핵심이다.

이 1단계가 린 스타트업 창업 단계다. 우리의 상품이나 서비스가 실제로 시장성이 있는지 확인한 후, 시장성이 확인되면 비용과 시간을 아낌없이 투자해 창업하는 방식을 말한다. 즉, 가설을 세우고 검증하는 단계다. 먼저 아이디어를 내고 1단계 프로세스를 세팅하고 시장에 내놓은 다음, 시장에서 어떻게 반응하는지 검증하고 조금씩 개선·수정·보완하는 것이다.

이렇게 검증한 후에 방향을 바꾸어 다시 도전한다. 이 전략은 초기 창업에 도전해 실패할 확률을 0%에 가깝게 끌어내리는 것이 목표다. 가설을 세우고 검증할 때는 항상 데이터 값을 통해 분석해야 한다. 실제 제품과 서비스가 구매로 이어졌지만, 구매 후 후기가 나쁘다면 제품과 서비스를 업그레이드해야 한다.

▶ **제품 및 서비스의 후기가 나쁘다 → 제품 및 서비스 업그레이드**

▶ 고객의 유입이 적다 → 카피 또는 디자인 변경

▶ 고객이 유입됐지만 구매 전환이 안 된다 → 행동 구매 메시지 강화

『1페이지 마케팅 플랜』의 저자 앨런 딥은 이렇게 말한다. “제안을 많이 해보면 어떤 타깃과 카피가 먹히고 어떤 것은 먹히지 않는지 알게 된다. 활발한 마케터는 신속히 트렌드를 읽고 동시에 여러 테스트를 실시함으로써 과학적으로 반응을 측정할 수 있다. ‘더욱 매력적이고 빈번한 제안=급속한 사업 성장’의 공식은 변하지 않는다. 창조하고 실행하고 반복하라. 내 가설이 시장에서 먹히는지 먹히지 않는지에 대한 가장 정확한 결과는 시장에 내놓는 것이다. 그리고 그것을 반복하는 것이다.”

핵심 내용

❶ 가설 세우기 1단계: 무엇을 팔 것인가?

❷ 가설 세우기 2단계: 누구에게 팔 것인가?

❸ 가설 세우기 3단계: 차별성으로 경쟁자를 추격하라

❹ 가설 세우기 4단계: 타깃을 세분화하라

❺ 가설 세우기 5단계: 다음 가설을 준비하라

핵심 과제

❶ 나의 상품 가설 세우기

❷ 나의 상품 타깃 정하기

❸ 가설이 실패했을 경우를 대비한 다음 가설 세우기

PART 03

잘 팔리는 소책자, 카피, 영상 만드는 법

Chapter 01

소책자에서 공짜를 광고해야 하는 이유

우리는 광고를 시작하면 광고비 지출을 생각해 더 많은 제품과 서비스를 팔려고만 한다. 하지만 이런 태도는 피해야 한다. 앨런 딥은 그 이유를 『1페이지 마케팅 플랜』에서 다음과 같이 말한다. "평균적으로 3%의 표적 시장이 즉각 구매를 할 강력한 동기가 있다고 가정해보자. 만약 당신이 즉시 판매를 하고자 한다면 나머지 97%는 잃은 채로, 오직 즉시 구매가 가능한 3%만 겨냥하는 것과 같다."

오프라인 마케팅 시대에는 상품을 직접 보여주고, 상품이 좋고, 입소문이 난다면 대박이 날 수도 있었다. 하지만 온라인 마케팅은 정보를 제공해야 한다. 고객에게 필요한 정보를 줘야 한다. 고객이 원하는 정보에 공감을 더하는 마케팅을 해야 한다.

페이스북, 유튜브, TV 등 우리는 좋든 싫든 24시간 광고에 둘러싸여 살아가고 있다. 그래서 여러분의 서비스나 제품을 판매하려고 하는 순간, 고객의 관심은 급격하게 식을 수밖에 없다. "팔려고 하는 것이 아닌 도움을 주겠다"라는 메시지를 광고하는 것이 중요한 이유다. 관심 고객을 만들어내는 광고는 그들의 DB(이름, 전화번호, 이메일 주소)를 알게 됨과 동시에 시장을 40%까지 확장시킬 수 있다. 또한 당신이 고객에게 도움을 주고 정보를 제공한다고 했을 때, 당신은 고객으로부터 권위를 갖춘 전문가로 인식된다. 고객에게 부담을 주지 말고 도움을 주겠다는 메시지를 통해 그들 스스로 당신에게 연락하게 만들어야 한다.

간다 마사노리가 쓴 『90일 만에 당신의 회사를 고수익 기업으로 바꿔라』에서는 이런 이야기가 나온다. "유능한 영업 사원은 절대 떠들지 않는다. 우선 고객에게 어떤 상품을 원하는지 묻는다. 그리고 이런 걸로 이런 게 문제인데 가격은 이 정도가 좋겠다고 고객이 직접 말하도록 만든다. 이 방법이 계약률을 높게 만드는 유능한 영업 사원의 영업 전략이다. 왜냐하면 말하는 중에 고객은 '그런 상품을 갖고 싶다'라는 감정이 생겨나고, 자기 설득을 하기 때문이다. 영업 사원은 떠들지 않는데 고객은 영업 사원을 유능한 영업 사원이라고 신용하게 된다. 상대가 신용할 때 다음 단계로 넘어간다. 감정을 자극하거나 구매 동기를 높이는 수법으로 상대가 자기 설득을 하도록 유도한다. 고객이 갖고 싶다는 생각이 들기 전에 판매를 시작하지 않는 것, 그리고 고객에게 구매 전에 사용해보길 권하는 것이다. 이것이 고객을 늘리는 가장 강력한 방법 중 하나이고, '구매 전 시행'이라는 마법에 기반을 둔 것이다. 이 방법은 당신의 판매를 극적으로 증가시킬 수 있다. '구매 전 무료 테스트'는 전환율을 극적으로 높일 수 있을 것이다."

고객에게 처음부터 "여러분의 삶에 도움이 되는 제품과 서비스가 있어요"라고 말하지 말자. 판매하는 것이 아닌 "일단 한번 사용해보고 결정하세요"라고 하자. 요즘 광고에서 많이 본 것 같다는 느낌이 들지 않는가? "제품 먼저 사용해보고 불만족 시 100% 환불" 홈쇼핑 광고에서 가장 자주 쓰이는 문구다. 우리 역시 광고의 효과를 더욱 높이기 위해 무료를 광고해야 한다.

당신이 판매하고 있는 상품이나 서비스를 광고하는 것이 아닌 당신의 상품이나 서비스에 관심을 가질 만한 사람을 찾겠다는 생각으로 광고를 해야 한다. 광고에는 무료 소책자, 무료 영상, 무료 샘플 등을 제공한다. 단, 무료라고 해서 내용도 없고 전혀 도움이 안 되는 자료나 샘플을 주어서는 안 된다. 고객에게 유료 이상의 가치를 줄 수 있는 것을 먼저 주어야 한다. 이 단계에서 우리는 고객에게 물건을 팔려는 사람이 아닌 전문가로 인식될 것이다.

그다음에는 우리가 무료로 제공하는 자료나 샘플을 통해 고객들의 DB를 확보해야 한다. 고객 DB를 통해 잠재 고객을 계속 육성시키고 그들에게 가치 있는 정보를 반복적으로 제공해야 한다. 연락할 때 구입을 권유하지 말고 연락을 정기적으로 유지하는 것이 핵심이다.

이 모든 사항을 자동화하는 것이 중요하다. 자동화 시스템은 당신이 더 효율적으로 일할 수 있도록 로봇처럼 분류하고, 거르고, 잠재 고객과 고객을 가려낸다. 여러분이 해야 할 일은 가설을 세우고 검증을 위해 계속 상품을 내놓는 것이다. 구매 가능성이 높은 잠재 고객에게 구매할 준비가 될 때까지 가치 있는 정보를 계속 제공해야 한다. 우리는 광고를 통해 가설을 검증하고, 수요가 있는지 확인하고, 잠재 고객을 찾는 것에만 집중하면 된다. '무료로 제공하는 것에만 투자하면 언제 돈을 벌라는 것인가?'라고 걱정할 것 없다. 제품과 서비스를 판매하기 위해 광고를 했던 것보다 훨씬 더 높은 수익을 얻게 될 것이다.

사업의 제1원칙, 곧 상대방에게 도움이 되는 것을 무료로 준다는 원칙을 꼭 기억하길 바란다.

Chapter 02

적은 돈으로 큰 수익을 얻는 것이 마케팅이다

잠재 고객의 정보를 모으는 방법은 크게 2가지다. 돈을 쓸 것인가, 시간을 쓸 것인가. 돈을 쓰는 광고 과금 방식은 페이스북, 유튜브, 네이버, 구글 등과 같은 광고 플랫폼에서 비용을 지불하고 우리의 광고를 노출하는 것이다.

시간을 쓰는 방법은 돈이 들어가지 않는 광고, 즉 네이버 블로그에 1일 1포스팅을 하며 블로그를 키우는 것이다. 인스타그램에서 피드를 올리고, 팔로우를 하고, 소통을 하고, 계정을 키우는 것이다. 유튜브에 언젠가 영상이 대박 날 때까지 꾸준히 업로드하는 것이다. 물론 이렇게 돈을 쓰지 않고 시간을 투자해 마케팅 효과를 본 사례는 정말 많다.

하지만 블로그의 특성상 상위에 내 글이 노출될 때까지는 수많은 시간과 꾸준한 포스팅이 반드시 필요하다. 종종 네이버를 검색 회사라고 생각하는 사람들도 있다. 정확하게 네이버는 검색 서비스를 제공하는 대한민국의 대표적인 광고 회사다. 네이버는 여러분의 상품이나 서비스를 광고 센터를 통해 광고하기를 원한다. 블로그 상위 노출로 광고해도 충분한 효과를 본다면 광고를 더 이상 하지 않으려 할 것이다.

그래서일까? 양질의 정보를 검색 사용자에게 제공한다는 이유로 블로그 로직을 바꾸고 인플루언서 등 다양한 제도를 만들어 블로그 상위 노출을 어렵게 하고 있다. 만약 블로그 상위 노출로 무료 마케팅을 하고 싶다면 오랜 시간 블로그에 시간을 투자해야 한다. 패스트 마케팅의 핵심은 린 스타트업 창업 방식과 동일하다. 빠르게 나의 아이디어나 제품 및 서비스를 시장에서 테스트하고 반응을 확인한 후, 창업하고 수익을 극대화하는 것이다. 패스트 마케팅은 '시간'이 생명이다.

광고비를 아끼기 위해 언제 상위에 노출될지 모르는 블로그에 1일 1포스팅을 할 수는 없는 노릇이다. 일일이 찾아다니며 인스타그램 팔로우만 하고 있을 수도 없다. 이렇게 품앗이 개념으로는 가설을 검증하는 것도 불가능하다. 마케팅의 기본 원리는 100만 원을 투자해 1,000만 원을 버는 것이다.

Chapter 03

5분 만에 소책자 만드는 방법

이번 챕터에서는 잠재 고객을 모을 수 있는 '무료 정보 소책자 만들기 템플릿'을 만들어보려고 한다. 소책자 마케팅은 보통 지식 창업에서 가장 많이 활용하는 방법이다. 물론 한의원, 건강식품, 골프 용품, 화장품 등 사용할 수 있는 영역은 무궁무진하다. 나의 지식이나 서비스에 관심이 있을 만한 사람들에게 고급 정보의 일부를 소책자 형태로 무료로 제공하는 것이다. 그 후 고객들의 DB를 확보하는 마케팅 방법이다.

소책자를 만들 때 가장 중요한 점은 무료라고 해서 절대로 내용이 부실해서는 안 된다는 것이다. 자신의 상품이나 서비스의 핵심은 처음에 제공할 소책자에 전부 담겨 있어야 한다. 우리는 잠재 고객을 육성하기 위해 정보를 꾸준히 제공하기 때문에 핵심 내용은 처음에 제공한다. 그 후 구체적인 내용은 여러 번에 걸쳐 제공하는 것이 좋다. 이렇게 지속적으로 유익한 정보를 제공해준다. 그렇게 해서 소책자를 받아본 잠재 고객들이 여러분을 해당 분야의 전문가로 보게 하는 것이 중요하다.

소책자 만들기에서 중요한 것은 총 5~10개 정도의 챕터로 나누는 것이다. 처음에 전체 내용의 핵심 70%가 들어가 있어야 한다. 처음에 소책자를 읽고 다음에 제공될 내용이 궁금해지도록 만들어야 한다. 두 번째 챕터부터는 '이메일 자동화'를 통해 제공해야 한다. 소책자를 포함해 글을 쓸 때 사람들이 가장 힘들어하는 이유는 쓸 만한 글이 많지 않다는 것이다. 우리가 알고 있는 전문가도 자신의 저서나 논문을 쓸 때 참고 자료를 먼저 찾아보고 자료를 정리한 후 글을 쓰기 시작한다.

책을 쓸 때 가장 중요한 것은 얼마나 많은 자료를 수집했느냐이다. 우리는 정보의 홍수 시대에 살고 있다. 내가 원하는 정보를 마음만 먹으면 언제든 네이버, 구글, 유튜브에서 쉽게 찾아볼 수 있다. 먼저 최대한 많은 자료를 모으고 그 자료를 토대로 여러분의 생각을 더하면 된다.

소책자 마케팅의 효과는 다음 3가지 효과를 볼 수 있다.

첫째, 자신의 분야에서 빠르게 리더나 전문가로 권위를 획득할 수 있다. 특정 영역에서 리더로 알려지고 싶다면 경쟁자보다 먼저 자신만의 책을 만들면 된다. 전문가이기 때문에 책을 쓰는 것이 아니라, 전문가가 되기 위해 책을 쓰는 것이다. PDF 형태의 소책자나 짧은 영상 등 무엇이든 전문가로 보이게 할 수 있는 자료를 만들어 권위를 세워야 한다. 권위는 사람들이 나를 믿게 하고 나를 전문가로 만드는 힘이 있다.

둘째, 고객과 돈독해진다. 공짜 정보를 너무 많이 주는 것이 아닌가 하는 걱정은 할 필요가 없다. 회사는 인심을 쓸수록 고객과의 관계가 돈독해진다. 고객에게 주는 것이 많을수록 고객도 앞으로 돌려줄 무언가가 많아질 가능성이 커진다. 고객은 좋은 후기와 입소문으로 다시 여러분에게 돌아오게 된다.

셋째, 고객에게 여러분은 해결사가 된다. 공짜로 고객이 문제를 해결했다. 여러분은 이제 고객의 문제를 해결할 수 있는 해결사다. 고객이 다음에 같은 분야에서 또 다른 문제에 직면하면 여러분에게 도움을 요청할 것이다. 지금 바로 소책자를 통해 수익이 나지 않더라도 실망할 필요는 없다. 고객이 당신을 문제를 해결해줄 전문가로 인식한다면 그것으로 충분하다.

'블로그 마케팅'에 관한 소책자를 작성한다고 해보자.

▸ 주제: 블로그 마케팅

▸ 타깃: 30대, 주부, 블로그 부업

▶ 제목: 30대 경단녀가 하루 1시간 블로그로 월 300만 원 버는 비법

▶ 소책자 다운로드: 고객 DB 확보(이름, 이메일, 연락처)

이 소책자에서는 블로그 마케팅으로 수익을 거둔 사례와 블로그를 통해 돈을 벌 수 있는 방법 등을 소개한다. 나의 스토리텔링을 넣어 "30대에 결혼하고 아이를 양육하다 보니 직장과 육아를 둘 다 병행하는 것이 너무 힘들었다. 블로그로 부업을 할 수 있다는 말을 듣고 발품을 팔아 블로그에 관한 다양한 강의를 듣고 스스로 연구하고 실천했다. 이렇게 블로그로 집에서 매월 300만 원의 수익을 얻게 됐다. 나와 비슷한 사람들의 고민을 알고 있다. 나만 알고 있으면 너무 아까운 지식을 공유하고자 한다. 나만의 블로그 핵심 방법은 시중에 1일 1포, 서로 이웃 추가 이런 것을 하지 않아도 된다"라는 차별화를 강조한다. 1일 1포, 서로 이웃이 가장 시간이 많이 걸리고 귀찮기 때문이다.

마지막에는 블로그나 유튜브, 오픈 채팅 링크를 걸어둔다. 링크를 타고 유입된다면 좋다. 그러나 지금 당장 유입되지 않아도 크게 신경을 쓸 필요는 없다. 여기까지의 과정이 패스트 마케팅 가설을 세우고 검증하는 1단계이다.

다음 단계로 넘어가기 전에 어떤 소책자를 만들지 구상하고 제목과 대략적인 목차를 잡길 추천한다. 패스트 마케팅 1단계 소책자 마케팅에서는 고객 DB 확보가 우선이다. 고객 DB는 확보됐지

만 아직까지 매출이 크게 발생하지는 않는 단계다.

패스트 마케팅 1단계에서는 먼저 아이디어를 내고 1단계 프로세스를 세팅하고 시장에 내놓아본다. 그 후 시장에서 어떻게 반응하는지 확인하고 학습한다. 조금씩 개선, 수정, 보완하는 것이다. 이렇게 학습한 후에 방향을 바꾸어 다시 도전하는 전략이다. 우리는 초기에 창업에 도전해 실패할 확률을 0%에 가깝게 끌어내리는 것이 목표다. 다음 챕터에서는 1단계를 더욱 강력하게 만들어줄 카피라이팅에 대해 알아보도록 하자.

Chapter 04

끌리는 카피를 만드는 5가지 방법

① 해결책 제시하기

해결책을 제시하는 카피는 상품의 명확한 타깃을 설정하는 카피다. 따라서 효과는 강력하다. 이 카피를 사용하기 전에 가장 먼저 해야 할 것은 '나의 제품이나 서비스가 고객의 어떤 고민과 문제를 해결할 수 있을 것인가?'를 생각하는 것이다. 그러면 고객의 '고통'을 해결할 상품의 '강점'이 무엇인지 찾을 수 있어 더욱 강력한 카피를 만드는 것이 가능하다.

해결책을 제시하는 카피의 진행 방식은 다음의 3단계로 이루어진다.

- ▶ 1단계: 문제 명확화. 타깃의 문제나 고통을 정확히 짚어준다.
- ▶ 2단계: 공감대 형성. 읽는 사람이 마음을 열고 귀 기울 수 있게 한다.
- ▶ 3단계: 해결책 제시. 읽는 사람이 겪고 있는 문제의 해결책을 이야기한다.

해결책을 제시하는 카피 3단계를 실제로 이렇게 적용할 수 있다.

- ▶ 1단계: "올해는 다이어트에 반드시 성공해야지!"라고 다짐하며 원푸드 다이어트, 굶는 다이어트, 다이어트 약 등 온갖 방법을 시도해보았지만 효과가 없었나요?
- ▶ 2단계: 저 역시 지난 2년간 온갖 방법으로 다이어트를 해보았지만 실패했습니다. 하지만 여러 시행착오를 겪으며 다양한 방법을 연구한 결과 지금은 원하는 것을 마음껏 먹으면서도 주위에서 아가씨로 오해받을 정도로 탄탄한 몸매를 갖게 되었습니다. 예전에는 사람들이 "아줌마, 아줌마"라고 불렀는데 지금은 어디를 가나 "아가씨, 아가씨"라고 부른답니다.
- ▶ 3단계: 저를 10년은 어려 보이게 만든 다이어트 방법은 ○○○입니다. 따로 운동할 시간이 없는 분이나 식단 관리가 어려운 분들에게도 큰 도움이 될 것입니다.

이렇게 3단계를 완성하면 카피는 자연스럽게 연상된다.

제목: 2개월 만에 10kg 감량하고 아가씨가 된 다이어트 비법

1단계를 헤드라인에 배치한다.

2단계에서는 각종 자료와 다양한 사례로 보충한다. 실제 다이어트 전후 비교 사진 등을 넣어주면 된다.

3단계에서는 다양한 후기와 각종 효능 등을 넣어주고 행동을 촉구하며 마무리한다.

② 위기감 강조하기

다른 사람들은 다 알고 있는데 나만 모르고 있다? 이런 사실은 내가 뒤처지고 있는 것 아닌가 하는 위기감을 자극한다. 인간은 절대 혼자서는 살아갈 수 없다. 그래서 늘 나와 남을 비교하며 살아간다. 이런 인간의 기본적인 욕구를 자극하는 카피는 위기감을 불러일으키고 클릭을 유도한다. 또한 인간은 누구나 새로운 것에 도전하거나 무언가를 바꾸는 것을 두려워하고 현상을 유지하려는 본능을 가지고 있다. 이를 행동경제학에서는 '현상유지편향'이라고 부른다. 제품과 서비스를 판매하려면 지금 하고 있는 것을 그만두고 새롭게 뭔가를 시작하도록 유도해야 한다. 따라서 이처럼 타고난 인간의 본성을 이용하는 전략을 취해야 한다.

예시

▶ 인스타그램에서 당장 멈추어야 하는 행동 5가지

▶ 첫 데이트에 성공하기 위해 절대 해서는 안 되는 행동 3가지

▶ 당신만 모르는 상위 1% 블로그 고수들의 특급 노하우

③ 비교와 대립으로 흥미 불러일으키기

A와 B를 비교하거나 A와 B를 대립시키며 흥미를 불러일으키는 카피라이팅이다. 매일 12시간을 일해도 인정받지 못하는 A. 하루 3시간만 일해도 인정받는 B. 도대체 A는 어떻게 일을 하기에 12시간을 일해도 인정받지 못할까? B는 하루 3시간으로 어떻게 인정받는 거지? 이는 사람들의 흥미를 불러일으키는 카피가 될 수 있다.

예시

▶ 부자 아빠 가난한 아빠

▶ 인기 있는 사람과 인기 없는 사람의 결정적 차이 1가지

▶ 돈이 모이는 사람과 돈이 줄줄 세는 사람의 차이점

④ 역설적인 제목으로 주의 끌기

인간은 누구나 "들여다보지 마시오"라는 말을 들으면 왠지 모르게 관심이 없다가도 더 들여다보고 싶은 충동이 생긴다. 그리스신화에 나오는 '판도라의 상자'가 바로 이런 경우다. 판도라가 절대 열지 말라는 상자를 호기심 때문에 열었다. 결국 온갖 악이 세상에 뛰쳐나오고 상자 안에는 희망만 남았다는 이야기다. 우리

는 이처럼 금지된 것에 더 끌리는 인간의 심리적 본성을 역이용할 수 있다.

예시

▶ 꽃미남이 인기 없는 이유는?

▶ 한의사가 알려주는 절대로 하면 안 되는 식습관 5가지

▶ 고객을 모집하지 않는 고객 모집 비법

▶ 부자가 되고 싶은 사람은 절대 이 책을 읽지 마세요.

▶ 경고! 이것을 모른 채 절대 블로그를 시작하면 안 됩니다.

▶ 팔고 싶다면 팔지 마라. 팔지 않고 사게 하는 세일즈 비법

⑤ 누구나 할 수 있다

'누구나 할 수 있다'라는 메시지의 카피는 과연 내가 할 수 있을까 고민하며 망설이는 사람들에게 용기를 심어준다. 가급적이면 이 사람도 했으니 충분히 나도 할 수 있겠다라는 생각을 심어주는 것이 중요하다.

예시

▶ 전교에서 제일 못생긴 오타쿠가 월 1억 버는 법인 대표가 된 이야기

▶ 원숭이도 할 수 있는 카카오 오픈 채팅방 수익화 방법

▶ 초등학생도 할 수 있는 블로그 상위 노출 방법

Chapter 05

팔리는 글과 영상의 5가지 공식

바쁜 현대인들을 반영이라도 하듯 15초~60초짜리 숏폼 영상 틱톡이 전 세계적으로 인기를 끌고 있다. 이에 위기를 느낀 유튜브와 인스타는 각각 숏츠, 릴스 등 짧은 영상 콘텐츠로 틱톡을 견제하느라 고군분투 중이다. 15초짜리 광고도 길다고 생각하는 시대이니 5초 안에 메시지를 전달해야 한다. 더욱 자극적이고 매력적인 콘텐츠를 찾는 고객들은 당신의 메시지나 영상에 관심을 갖지 않고 '뒤로 가기'를 눌러버린다.

지금 이 순간에도 페이스북에서는 1분마다 14만 장 이상의 사진이, 인스타그램에서는 매일 9,000만 개 이상의 게시물이 공유

되고 있다. 나의 상품이나 서비스를 고객에게 알리는 마케팅에서는 제목과 글의 첫 줄이 주는 후킹 요소가 중요하다. 호기심을 자극하고 끌리는 제목으로 고객의 시선을 붙잡아야 한다. 글의 첫 줄이 5초 동안 시선을 잡지 못하면 고객은 결코 메시지와 영상을 끝까지 보지 않는다. 다음에 소개할 7가지 방법은 여러분이 작성하려고 하는 마케팅 메시지, 블로그, 유튜브 영상 등 거의 모든 분야에서 지금도 실제로 사용하는 효과가 입증된 방법들이다.

① 호명 효과

"○○을 하는 게 어려운 당신이라면 한번 이 글을 끝까지 읽어보세요!"

글 초반에 타깃 고객을 정확하게 호명하면 타깃 고객의 문제를 콕 찍어 몰입하게 만드는 효과가 있다. 내가 판매하려는 제품이나 서비스가 특정 타깃을 목표로 하고 있다면 가장 몰입도를 높이는 첫 줄 후킹 방법이 될 것이다.

② 주제와 관련된 최신 뉴스

"코로나 2.5단계 격상으로 전국의 헬스장이 모두 문을 닫았다고 합니다."

코로나가 자영업자들에게 가져다준 피해는 상상을 초월한다. 만일 자영업자를 대상으로 판매하는 서비스나 마케팅 제품이라면, 제목에 "코로나 거리 두기에도 줄 서는 대박 맛집의 비결" 등의 제목과 함께 글의 첫 줄에 코로나 관련 최신 뉴스로 경각심을 심어줄 수 있다. 이어서 거리 두기 강화에도 줄 서 있는 대박 맛집을 실제로 소개한다면 고객은 대중매체를 신뢰하면서 맛집에 어떤 비법이 숨어 있을지 궁금해하며 글이나 영상을 끝까지 볼 수밖에 없다.

③ 문제점을 제시하고 질문 던지기

질문의 형식으로 글을 시작한다. 나의 타깃 고객들이 가장 많이 던질 만한 3~5가지 질문을 정한다. 그런 다음 이 질문들의 해답을 풀어나가는 방식으로 글이나 영상을 만드는 것이다. 고객들은 평소에 궁금했던 내용이므로 과연 어떤 해결책이 소개될지 호기심을 가질 수 있다.

④ 핵심 내용을 초반에 공개하기

두괄식으로 말하고 쓰는 방법이다. 최근 유튜브 영상에서도 초반에 하이라이트를 잠깐 보여주고 호기심을 자극한다. 그래서 글이나 영상을 끝까지 보게 만든다. 글에서는 전체적인 핵심 내용을 초반에 간략하게 말해둔다. 그러면 구체적인 방법이나 내용이 궁금해 글을 끝까지 읽게 만들 수 있다.

⑤ 혜택이나 위협 알리기

글이나 영상을 통해 고객이 얻어 갈 수 있는 혜택, 또는 이것을 보지 않는다면 얻게 될 손해를 글 초반에 강조하는 방법이다. 고객들은 무료에 열광하고 손실에 민감하다. 가령 다음과 같이 말할 수 있다. "만일 여러분이 ○○라는 문제에 처해 있다면 이 글(또는 영상)을 통해 ○○○을 얻을 수 있습니다." "너무 많은 사람에게 알려지는 것은 원치 않기에 딱 3일간만 공개합니다."

Chapter 06

랜딩페이지는 어떻게 만들어야 할까?

여기서는 파소나PASONA 법칙을 적용해 랜딩페이지를 구성하는 방법을 제시해보겠다.

① P(Problem, 문제)

앞에서 소개한 다양한 카피라이팅 방법을 활용해 타깃 고객이 겪고 있는 문제를 제시한다.

② A(Affinity, 공감)

고객의 고통을 이해하고 "나 역시 당신과 동일한 문제로 힘들었다"라는 공감을 형성한다. 스토리텔링을 통해 타깃 고객의 감정에 공감하고 반응을 이끌어낸다. 그런 다음 문제를 해결하기 위한 힘들었던 과정을 이야기한다. 그렇게 해서 결국 탄생한 문제 해결 방식이 기존의 다른 문제 해결 방식과 다르다는 것을 이야기한다. 이것이 '차별화'다.

③ S(Solution, 해결)

해결책을 제시해 문제를 해결할 수 있다는 메시지와 실제 후기를 보여주고 방법을 알려준다. 같은 문제를 겪었던 고객들이 문제를 해결했다는 후기 영상이나 카톡 후기 인증 사진 등을 제시한다. 당신의 문제를 우리 회사는 해결할 수 있고 이미 많은 사람이 우리 회사를 통해 문제를 해결했다는 메시지를 전달한다. 그렇게 신뢰와 권위를 확보한다.

④ O(Offer, 제공)

무료 샘플, 무료 자료, 가격, 혜택 등을 구체적으로 제안한다.

▶ 제품 서비스의 상세 정보

▶ 구매 방법 및 바로 구매 시 혜택

▶ 불만족 시 100% 환불

▶ 대조 효과: 원래 가격은 ○○인데 딱 3일만 △△다.

▶ 앵커링 효과: 한 달 치킨 값, 하루 커피 값

▶ 예상 질문 Q&A

⑤ N(Narrow, 제한)

위의 제시된 혜택이나 이익 등을 제한해 긴급성을 자극한다.

▶ 지금 구매하면 추가 혜택

▶ 인원수 제한(선착순 50명까지), 기간 한정(딱 3일간 만)

⑥ A(Action, 행동)

지금 당장 구매해야 하는 이유를 제시해 빠른 행동을 촉구한다.

▶ 바로 상담이나 결제로 이어지게 연결한다.

▶ 바로 상담이나 문의 채널로 연결되게 한다.

▶ 구매로 이어지는 결제 페이지는 최대한 쉽고 눈에 띄게 만들어야 한다.

위에서 제시한 파소나 법칙을 활용한 랜딩페이지를 만들 때 다음과 같은 메시지가 들어 있는지 꼭 체크해봐야 한다.

▶ 가치: 제품이나 서비스가 고객에게 어떤 가치를 제공할 수 있는가?

▶ 이유: 여러분의 제안을 고객이 왜 받아들여야 하는가? 사람들은 많이 속아봐서 누구의 가치가 좋고 나쁜지 늘 의심하고 문제를 찾으려 한다.

▶ 가치 쌓기: 보너스나 감사 이벤트 등 혜택을 많이 주면 물건을 구매할 것을 촉구했을 때 고객이 더 쉽게 결정을 내릴 수 있도록 변화시킨다. 서비스+

서비스 또는 제품+서비스 등으로 고객에게 주는 혜택을 아까워하지 않아야 한다.

- 상향 판매: 상품이나 서비스 중 가장 낮은 금액부터 단계별 상품을 구성한다. 토탈 상품을 구성해 이득을 제시하는 방법을 만든다. 다양한 방식으로 상품이나 서비스를 구성해보자.
- 결제 방식: 사람들은 지출을 주로 한 달 단위로 끊어 생각한다. 그래서 한 번에 많은 비용보다 적은 비용을 나누어 내게 하는 것이 좋다. 그래야 고객의 마음이 편하다. 그리고 결제는 최대한 쉽고 간단해야 한다. 힘들게 결제를 결심했는데 결제 시스템이 복잡하고 어렵다는 이유로 포기하는 일이 없도록 해야 한다.
- 개런티: 구매 결정 후 혹시라도 후회하고 있을지 모르는 고객들에게 지금 결정한 거래가 후회할 선택이 아니라는 확신을 심어주어야 한다.
- 희소성: 여러분의 제안에는 희소성이 있어야 한다. 서두르지 않으면 손해를 본다는 감정을 불러일으켜 즉각 행동할 수 있도록 해야 한다.

웹사이트에도 랜딩페이지에도 '지금 구매하기' 버튼은 반드시 있어야 한다. 스크롤을 내리기 전 첫 화면에도, 한가운데에도, 스크롤을 내릴 때마다 반복되어야 한다.

고객은 확언을 원한다. 무언가를 팔면서 소극적인 행동을 취한다면 당신의 제품이나 서비스에 신념이 부족하다는 인상을 주게 된다. 세일즈 페이지를 이해하려면 다음 2가지 행동 촉구 개념에 대해 먼저 이해해야 한다. 랜딩페이지에는 직접적 행동 촉구와 전환적 행동 촉구 2가지 전략이 있다.

직접적 행동 촉구를 위해 '지금 구매하기'나 '장바구니 담기'를 만들어야 한다. 즉, 판매로 이어지게 만들거나 적어도 판매로 한 발 나아가게 해야 한다는 의미다. 반면, 전환적 행동 촉구는 고객에게 무언가를 무료로 제공한다. 주로 잠재 고객을 구매 고객으로 육성할 때 사용된다. 세미나에 참가 신청을 하게 하거나 PDF를 다운로드 받게 하는 것은 전환적 행동 촉구의 좋은 예다.

여러분의 랜딩페이지 세일즈 메시지가 직접적 행동 촉구이든 전환적 행동 촉구이든 행동을 요구하는 메시지는 반드시 들어가 있어야 한다. 무료 소책자를 다운로드 받게 하는 행동을 요구하는 것도 장바구니에 담는 행동을 요구하는 것도 그 메시지가 단호하고 분명해야 한다.

핵심 내용

잘 팔리는 글과 영상의 5가지 공식

❶ 호명 효과

❷ 주제와 관련된 최신 뉴스

❸ 문제점을 제시하고 질문 던지기

❹ 핵심 내용을 초반에 공개하기

❺ 혜택이나 위협 알리기

핵심 과제

❶ 나의 상품과 서비스를 글과 영상으로 만든다면 글의 첫 줄, 영상의 시작을 어떻게 만들지 고민해보자.

❷ 나의 상품과 서비스의 랜딩페이지 또는 상세페이지를 템플릿을 활용해 만들어보자.

PART 04

페이스북
퍼포먼스 마케팅

Chapter 01

돈으로 시간을 살 것인가, 시간으로 돈을 살 것인가

젊었을 때는 돈을 벌기 위해 건강을 투자하고, 나이가 들어서는 건강을 찾기 위해 돈을 투자한다. 마케팅의 원리 역시 같다. 광고에 쓰는 돈을 절약하기 위해 우리는 블로그와 유튜브, 인스타 등 SNS에 많은 시간과 노력을 투자한다. '돈 한 푼 안 들이고 내 사업 성장하기'라는 제목의 카피에 호기심을 느끼고 블로그 강의, 유튜브 강의, 인스타 강의에 시간과 돈을 투자하기도 한다.

물론 이렇게 실제 돈을 투자해 배운 강의는 나의 플랫폼 성장에 큰 도움이 되기도 한다. 하지만 아무리 좋은 노하우를 배웠다 하더라도 나의 시간을 오랫동안 투자해야 하는 것은 사실이다. 블로그는 나의 글이 상위에 노출되기 위해 한 가지 주제로 1,500자 이상의 양질의 글을 올려야 한다. 유사 문서와 유사 이미지도 피해야 한다. 사람들이 클릭할 만한 제목도 지어야 한다. 그렇게 최소 30일 이상은 '1일 1포' 하며 꾸준히 글을 발행해야 한다.

이렇게 했을 경우 '준최적화 단계'가 되어 월간 조회 수가 500~1,000 사이 키워드의 글이 상위에 노출되기도 한다. 하지만 나보다 블로그 지수가 높은 블로그의 글이 올라온다면, 내가 쓴 글은 뒤로 밀려나버린다. 네이버는 폐쇄적인 전략을 쓰기 때문에 네이버 블로그만 그런 것이라고 생각하는가. 그렇다면 유튜브의 경우를 살펴보자.

유튜브를 시작하려는 사람들이 처음에 부딪히는 가장 큰 장벽은 구독자 1,000명과 4,000시간의 시청 시간이다. 이는 유튜브의 광고 수익을 창출할 수 있는 자격이 되는 기준이다. 이런 기준이 만들어진 이유는 유튜브 알고리즘이 파악한 구독자 수는 총 조회 수의 1% 미만으로 보기 때문이다. 하지만 노출 알고리즘이 노출해준다고 해도 구독은 하지 않고 시청만 하는 비율이 점점 늘어나고 있다. 그래서 구독자를 500명 확보하기도 점점 힘들어진다.

위의 기준으로 계산한다면 조회 수 20만이 넘는 영상이 구독자 1,000명을 확보한다고 가정하고, 영상 하나당 조회 수 1만으로 계산하면 최소 20개의 영상이 필요하다는 계산이 나온다. 블로그 포스팅은 글 쓰는 것에 익숙하고 자료 조사가 많이 되어 있다면,

1시간이면 하나의 포스팅을 할 수 있다. 능숙한 경우에만 가능하다. 블로그 초보 기준으로는 평균 2~3시간 정도 소요된다. 그렇다면 유튜브 영상을 촬영하고 편집하는 것에는 과연 어느 정도의 시간이 필요할까? 최소 4~5시간 정도라고 유튜버들은 말하고 있다. 이 4~5시간 기준 역시 영상 촬영과 편집에 익숙하고 높은 퀄리티를 요구하는 콘텐츠가 아닌 경우에 해당된다.

"유튜브 광고 수익이 아닌 브랜딩이 목적이기 때문에 서는 구독자에 크게 연연하지 않아요"라고 말하는 분들도 있다. 블로그든 유튜브든 노출되어야 사람들이 나의 콘텐츠를 본다. 그제야 브랜딩이 시작되는 것이다. 노출이 안 돼 볼 수가 없는데 무슨 브랜딩이 된다는 말인가. 블로그는 1시간 기준 30일 30시간. 유튜브는 5시간 기준 30일 150시간을 투자해야 한다. 이렇게 해야만 여러분이 만든 소중한 콘텐츠가 사람들에게 노출이 될까 말까 한다. 그렇다고 유튜브나 블로그를 만들지 말라는 말은 아니다. 약간의 비용을 지불하더라도 최소의 비용으로 최대의 효과를 낼 수 있는 방법을 선택하는 것이 훨씬 효율적이다.

언제 노출될지도 모르는 나의 영상과 블로그 포스팅에 마냥 시간만 투자하고 있을 것인가? "상위 노출 될 때까지, 조회 수가 대박이 날 때까지 지치지 않고 꾸준히 할 수 있다"라고 말하는 분들은 굳이 말리지 않겠다. 하지만 아마도 십중팔구 100도 안 나오는 방문자 수와 조회 수에 지쳐 결국 포기할 것이다. 시간은 소중하다. 돈으로 사고 싶어도 살 수 없는 것이 시간이다. 빠르게 가설을 세우고, 시장성을 확인한 후, 확장 단계에서 여러분의 제품이나 서비스의 브랜딩을 강화하기 위해 블로그나 유튜브를 활용하는 것을 추천한다. 내가 만든 블로그 글이나 유튜브 영상이 상위에 노출될 때까지 기다리지 말고, 내가 직접 나의 플랫폼으로 고객을 유입시키면 된다.

패스트 마케팅을 통해 페이스북에서 블로그로, 블로그에서 유튜브로, 유튜브에서 인스타로, 인스타에서 네이버 카페로 모든 콘텐츠를 엮고 다양한 방식으로 노출시킨다. 이 모든 활동을 자동화로 구축해야 한다. 이렇게 콘텐츠를 자동화로 엮어놓기만 하면, 1일 1포스팅을 하지 않아도, 일주일에 3~4개씩 영상을 만들지 않아도 된다. 돈은 언제든 벌면 되지만 한번 지나간 시간은 다시 돌아오지 않는다.

Chapter 02

페이스북 마케팅을 해야 하는 이유

우리가 처음 가설을 검증하는 마케팅 도구는 페이스북 퍼포먼스 마케팅이다. 페이스북의 핵심 구조는 크게 다음 4종으로 구성되어 있다.

1. 프로필
2. 페이지
3. 그룹
4. 광고

이 책에서는 빠르게 가설을 검증하기 위한 도구인 페이스북 광고를 중점적으로 다루어보도록 하겠다. 페이스북 퍼포먼스 마케팅으로 가설을 검증하는 것을 설명하기 전에 먼저 '도달'이라는 개념을 알아야 한다.

이 도달 개념은 2가지로 나뉜다. 바로 유기적 도달과 광고를 위한 도달이다. 유기적 도달이란 우리가 업로드한 페이스북 게시물이 좋아요, 댓글, 공유 등을 통해 돈을 쓰지 않고 자연적으로 퍼지는 도달을 의미한다. 광고를 통한 도달은 광고비를 내고 인위적으로 게시물을 퍼뜨리는 것을 의미한다. 페이스북의 유일한 비즈니스 모델은 광고비다. 유기적 도달률이 높다면 광고주들은 더 이상 광고비에 많은 투자를 하지 않을 것이다. 내가 계속 돈으로 시간을 사라고 말했던 이유가 바로 이것이다. 페이스북 역시 네이버와 동일한 광고 회사다.

페이스북은 광고주들의 지갑을 열기 위해 유기적 도달률을 의도적으로 낮추고 있다. 실제 2019년의 유기적 도달률은 1~2% 정도일 것이라고 현업 마케터들은 추정하고 있다. 즉, 아무리 뛰어나고 재미있는 콘텐츠를 업로드해도 2%가 채 안 된다는 것이다. 2%의 도달률을 위해 재미있는 콘텐츠를 만들고자 머리를 쥐어짜야 하는 시간 동안, 고객에게 끌리는 메시지를 작성하고 최소한의 금액만 광고하는 것이 훨씬 효율적이다. 광고비에 많은 돈을 투자하라는 것이 아니다. 최소한의 비용으로 하루에 5,000원도 좋다. 5,000원으로 고객의 DB를 얻을 수 있다면 그걸로 충분하다.

우리는 대기업이 아니기 때문에 마케팅에 투자할 수 있는 비용도 극히 제한적일 수밖에 없다. 그래서 대기업 마케팅과 중소기업 마케팅은 달라야 한다. 대기업 마케팅은 매스마케팅 또는 브랜딩으로 알려져 있다. 코카콜라, 나이키, 애플처럼 사람들의 의식 속에 브랜드를 인식시키는 마케팅이 대기업 마케팅이다. 이런 마케팅은 효과적이지만 아주 많은 비용이 들고 시간이 오래 걸린다는 단점이 있다. 중소기업이 대기업의 마케팅을 따라 하며 많은 비용을 들이고 대형 포털 사이트의 메인 배너나 지상파 TV에만 노출된다면 어떤 제품이든 잘 팔릴까? 정답은 '아니오'다.

수천만 명에게 콘텐츠를 노출해도 고객이 반응할 수 있는 포인트를 잡지 못하면 소비자는 구매하지 않는다. 마케팅에서 콘텐츠의 목적은 우리 제품의 가치를 매력적으로 보이게 만드는 것이다. 동일한 제품도 카피, 디자인, 스토리 등에 따라 0개가 팔릴 수도 있고, 10만 개 이상 팔릴 수도 있다. 중소기업 마케팅은 적은 예산과 측정 가능한 투자 수익 창출이 목적이다.

그래서 중소기업 마케팅은 반드시 다음과 같은 7가지 요소를 반드시 지켜야 한다.

1. 추적이 가능하다.

2. 측정이 가능하다.

3. 매력적인 헤드라인 및 판매 광고 문구를 활용한다.

4. 특정한 소비자 혹은 틈새시장을 겨냥한다.

5. 특정한 제안을 한다.

6. 반응을 요구한다.

7. 반응을 보이지 않는 관심 고객에게는 지속적으로 후속 조치를 취한다.

위의 7가지 요소는 아주 적은 금액의 광고로도 가능하다. 페이스북에서도 충분히 할 수 있다. 패스트 마케팅에서 빠르게 가설을 세우고 시장성을 확인하고 검증하는 최고의 플랫폼은 페이스북이다. 왜냐하면 페이스북에서는 광고 관리자를 통해 내 광고의 성과를 한눈에 볼 수 있기 때문이다. 또한 페이스북 퍼포먼스 마케팅은 3가지의 특별한 장점이 있다.

첫째, 다른 광고에 비해 쉽고 간단하다. 온라인 마케팅 시장 전체 광고비의 90%는 구글, 페이스북, 네이버 광고에 집중되어 있다고 해도 과언이 아니다. 그래서 브랜드를 알리려면 구글, 페이스북, 네이버 광고는 기본적으로 배워두는 것이 좋다. 네이버 광고는 콜센터 전화 영업으로 비유하면 인바운드 영업이다. 내가 광고를 위해 설정한 키워드를 검색한 사람이 파워 링크를 통해 나의 제품이나 서비스에 들어오는 것이다.

광고 단가의 경쟁이 치열하기 때문에 메인 키워드보다 소형 키워드 위주로 광고할 수밖에 없다. 실제 전환 값은 높을 수 있지만 가설을 검증하기 위한 도구로는 부족한 면이 있다. 반면, 페이스북은 시장조사가 정확하지 않은 초기 창업자에게 적합하다. 핵심 타깃을 설정하고 다양한 지표를 통해 가설을 검증하기 위한 도구이자 다소 공격적인 영업인 아웃바운드 영업에 해당된다. 네이버의 키워드 광고처럼 검색을 통해 우리 상품이나 서비스에 고객이 알아서 들어와주길 기다리는 것이 아니다. 직접 고객을 찾아다니며 "우리가 이런 상품이나 서비스를 판매하고 있어요"라고 알리는 것이다. 네이버 광고와 페이스북 광고는 우리가 광고 시장을 이해하는 데 가장 쉬운 플랫폼이다.

둘째, 마케팅 성과를 쉽게 관찰할 수 있다. 페이스북 퍼포먼스 마케팅은 광고를 통해 나온 결과 값 데이터를 기반으로 성과를 조금씩 확인해나가며 마케팅 의사 결정을 내리는 방식이다. 우리가 광고를 집행하면 얻게 되는 데이터들이 있다. 이 데이터들은 클릭률(CTR), 클릭당 비용(CPC), 전환율(CVR) 등이다. 페이스북에서는 광고 관리자를 통해 많은 성과 지표를 실시간으로 관찰할 수 있다. 페이스북 퍼포먼스 마케팅은 메시지와 핵심 타깃을 최적화한다. 그 후 랜딩페이지를 통해 유입 고객의 데이터를 확보해 광고에 관심이 있던 사람을 잡고 나의 플랫폼으로 다시 유도해 고객과의 관계를 유지하는 것이 핵심이다.

기업은 마케팅 비용 투입 대비 산출을 극대화하기 위해 지속적인 피봇을 해야 한다. 제품, 노출, 콘텐츠, 프레임 등 다양한 변수를 검증한다. 그러면 소비자의 니즈와 일치하는 지점을 찾을 수 있다. 손익분기점을 넘기며 성장할 수 있다. 우리 역시 가설을 검증해야 한다. 가설이 시장성이 없다면 데이터를 분석하고 피봇을 해야 한다. 피봇 작업은 더 많은 것을 얻기 위해 기존 방식을 버리고 새로운 것을 시작하는 과정이다. 페이스북의 다양한 성과 지표를 이용하면 나의 가설을 검증할 때 나의 카피가 사람들에게 흥미를 유도하지 못했는지, 나의 상품이나 서비스가 문제인지, 결제 시스템이 문제인지 쉽게 판단할 수 있다. 이것은 가설을 점검하고 방향을 전환하는 데 굉장히 유용하다.

셋째, 타깃을 확인하고 메시지를 최적화할 수 있다. 페이스북 광고 타깃팅은 가장 큰 장점이다. 지역, 나이, 성별 타킷팅부터 정밀한 타깃팅을 현실화시켜주는 것이 페이스북 광고다. 타깃팅을 통해 실제 나의 상품과 서비스는 어떤 타깃에 적합한지 검증하는 것이 페이스북 광고 마케팅의 핵심 전략이다. 페이스북 플랫폼은 직관적이다. 광고를 집행할 때 어떤 메시지가 페이스북에서 잘 먹히는 메시지인지 처음 광고를 시작할 때는 알 수 없다.

초기 단계에서 몇 가지 메시지를 가설로 세우고, 소액으로 다양한 메시지를 테스트하고, 성과 파악을 통해 최적의 메시지를 찾아내는 단계가 메시지 최적화 단계다. 가설 검증 단계에서 메시지를 최적화하고, 우리의 메시지에 반응하는 고객층이 누구인지 찾는다. 메시지 최적화와 핵심 타깃 최적화는 별개의 것이 아니다.

먼저 핵심 타깃의 성별, 연령, 지역 등을 통해 메시지를 작성하고 테스트해야 한다. 이 단계가 핵심 타깃 최적화 단계다.

메시지와 핵심 타깃을 최적화하며 얻은 결과를 통해 가장 성과 있는 광고 세트를 활성화한다. 그런 다음 고객의 데이터를 확보하고 관심을 보이는 고객을 잡아야 한다. 페이스북에서 광고를 클릭하고 우리의 웹사이트나 블로그에 들어온 사용자들을 픽셀을 통해 리마케팅Re-marketing 모수로 지정해 그들에게 다시 한번 광고 메시지를 노출시키는 것을 의미한다. 이렇게 페이스북 바깥(웹사이트, 블로그 등)에서 이루어지는 사용자들의 행동을 확인할 때 페이스북 픽셀이 사용된다.

페이스북 픽셀을 하지 않으면 페이스북 광고는 안 하느니만 못하다고 할 정도로 페이스북 픽셀은 강력한 무기다. 페이스북을 활용하면 소비자 반응 조사, AB 테스트를 통해 매우 높은 정확도로 시장 검증을 진행할 수 있다. 그리고 페르소나를 통해 우리가 설정해야 하는 대표적인 고객을 특정할 수 있다.

Chapter 03

페이스북 퍼포먼스 마케팅 1단계: 페이지 만들기

페이스북 광고를 집행하기 이전에 가장 먼저 해야 할 것이 있다. 페이스북에 가입하고 먼저 페이지를 만드는 것이다. 페이스북 광고는 개인 계정으로 만들고 페이지 이름으로 집행된다. 페이지 없이 광고는 집행이 안 된다. 페이지와 광고는 연결되어 있다.

페이지 만들기 1단계: 페이지 이름 만들기

페이지 이름을 만들 때 대표적인 키워드를 한두 개 포함해 이름을 만드는 것도 좋은 방법이다. 광고 노출 시에도 페이지 이름으로 광고가 집행되기 때문에 페이지 브랜드 인지도를 높이려면 페이지 이름이 중요하다.

페이지 만들기 2단계: 페이지 커버 사진과 프로필 사진

광고 노출 시 페이지 프로필 사진이 먼저 고객들에게 인식된다. 페이지 프로필 사진은 페이지의 얼굴이다. 회사 로고를 사용하거나 대표적인 상품이나 서비스 등을 사용하는 것이 좋다.

페이지 만들기 3단계: 행동 유도 버튼 만들기

행동 유도 버튼은 페이스북 페이지에서 특정 행동을 할 수 있도록 유도하는 기능이다. '지금 구매하기' → '지금 예약하기' → '지금 전화하기'처럼 즉시 행동을 유도하는 버튼보다 '문의하기', '더 알아보기' 등 자연스럽게 행동을 유도하는 버튼이 더 낫다.

페이지 만들기 4단계: 매장 지도 등록하기

네이버 스마트플레이스처럼 페이스북 페이지에서도 지도를 등록하는 것이 가능하다. 매장을 갖고 있다면 주소 등록을 통해 지도를 등록하자.

페이지 만들기 5단계: 설정 세팅하기

광고 계정 안정을 위해 페이지를 인증하자. 페이지를 전화나 사업자등록증으로 인증하면 광고 집행 시 인증된 페이지 광고에는 페널티나 광고 오류를 적게 겪는다. 페널티를 피할 수 있는 단 1%의 방법이라도 있다면 하는 것이 좋다.

방문자 게시물 관리를 잠그자. 방문자 게시물 작성 권한을 '페이지에 다른 사람이 게시할 수 없도록 설정'하는 것이 좋다. 방문자들 중에 경쟁사 직원이 있을 수도 있다. 별도 유령 계정을 생성하고 비방 글을 페이지 게시물로 작성하는 경우도 발생한다. 불상사는 미연에 방지하는 것이 현명하다. 또한 기본 페이지 공개 대상은 전국 또는 전국민 대상을 기본으로 해두는 것이 좋다. 페이지는 인스타그램과 연결하자. 페이스북 광고가 인스타그램에서 노출되며, 인스타그램 비즈니스 계정이 페이지와 연동된다.

Chapter 04

페이스북 퍼포먼스 마케팅 2단계: 잠재 고객, 전환 캠페인

본격적인 설명에 앞서 이해를 위해 한 가지 개념을 먼저 설명해 보겠다. 페이스북 광고는 크게 캠페인, 광고 세트, 광고 이렇게 3단계로 나뉜다. 광고는 이 3단계를 거쳐 만들어진다. 캠페인이 가장 상위 개념이며 캠페인은 여러 가지 광고 세트를 가질 수 있다. 광고 세트는 다시 여러 개의 광고를 가질 수 있다. 즉, 하나의 캠페인에 여러 개의 광고 세트를 만들어 다양한 핵심 타깃을 검증할 수 있다.

캠페인-광고 세트-광고

페이스북에는 11개의 캠페인이 있다. 하지만 실제 우리가 가장 많이 사용하는 것은 트래픽, 잠재 고객, 전환 3가지다. 이 중에서 나는 주로 2가지 방식을 사용하고 있다. 그래서 여기서는 2가지 방식만 중점적으로 다루어보려고 한다.

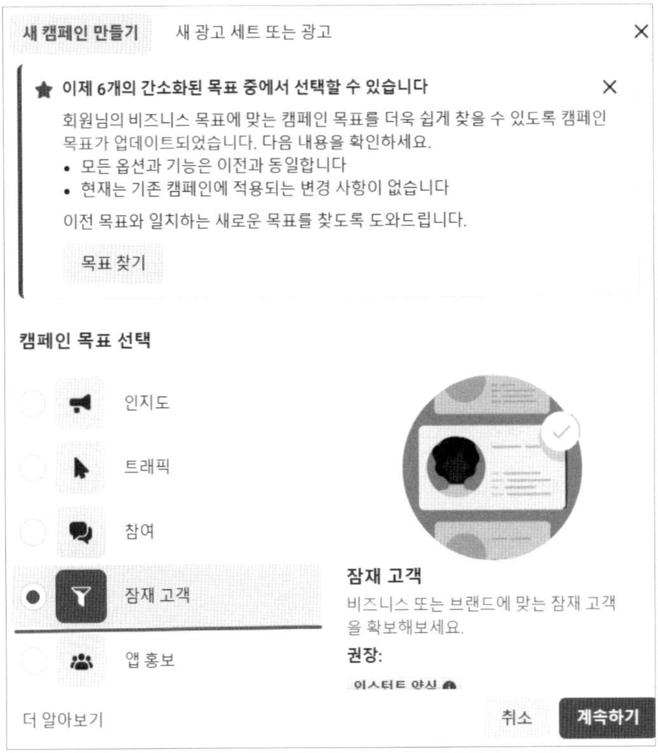

① 잠재 고객 확보

'잠재 고객 확보' 캠페인은 Reed 캠페인으로도 불린다. 즉, 잠재 고객 확보의 가장 큰 목적은 고객의 DB를 확보하는 것이다. 무료 소책자나 무료 샘플 등을 광고하고 고객이 정보를 입력함으로써 고객의 DB를 통해 잠재 고객을 육성해나가는 전략이다.

▶ 광고-광고 관리자-만들기

▶ 구매 유형-경매-잠재 고객 확보(잠재 고객 Lead Ads)

▶ 제목에 광고 만든 날짜

▶ 캠페인-세트를 구성한다.

▶ 광고 캠페인-광고 세트-광고

- 인스턴트 양식

- 일일 예산

▶ 시작은 작게 2만 원 이내로 테스트해보는 것이 좋다.

- 시작 날짜~종료 날짜(효율이 없다면 수동으로 끄면 된다)

- 로아스(ROAS[Return On Ad Spending], 광고 집행 비용 대비 수익률을 의미하며 수익/광고비 집행 액으로 산출한다)가 떨어지면 다시 올리면 된다.

- 위치: 이 위치에 거주하는 사람

- 상세 타깃팅

- 한국어

- 노출 위치: 자동 노출 또는 수동 노출

- 질문 항목이 중요하다.

▶ 고객으로부터 얻을 정보 범위를 선택한다(예: 이름, 전화번호, 이메일)

- 개인 정보 처리 방침에 대한 고지가 반드시 있어야 한다.
- '감사 인사'에서는 웹 사이트 및 상세페이지 랜딩 URL을 넣을 수 있다.

블로그 링크를 걸어두거나 오픈 채팅 링크를 걸어도 되지만 나는 추천하지 않는다. 잠재 고객 캠페인은 고객에게 자료를 주고 고객 DB 확보에만 목적을 둔다. 블로그, 카페, 카카오, 오픈 채팅 유입은 전환 캠페인으로 하자.

② 페이스북 전환 캠페인

전환 캠페인은 랜딩페이지로 할지 상세페이지로 할지 전략적인 접근이 필요하다. 퍼포먼스 마케팅에서 가장 중요한 개념이 바로 전환이다.

전환을 알기 위해 알아야 할 2가지 용어가 있다.

첫째, OKR Objective Key Result은 마케팅의 최종 목적(매출 증대, 인지도, 고객 리드 확보 등)을 말한다. 둘째, KPI Key Performance Index는 최종 목적의 성과를 판단하기 위한 측정 가능한 수치(결제 완료 페이지 도착 수, 키워드 검색량 증가율, 재방문자 증가율 등)를 말한다.

잠재 고객 캠페인에서는 무료 자료를 통한 고객 DB 확보가 목적이었다면, 전환 캠페인에서는 실제로 구매까지 얼마나 이루어졌는지, 나의 웹사이트로 이동이 되었는지 확인하는 것이다.

잠재 고객 캠페인에서 중요한 점은 고객에게 무조건 비용 지불을 요구해야 한다는 것이다. 단돈 1,000원이라도 실제 돈을 지불하게 하는 데이터 값을 얻어야 한다. 사전 예약 등을 통해 구매 의사가 명확하다는 것을 전제한 고객 정보라도 얻어야 한다.

전환 캠페인의 목적은 고객 DB 확보일 수도 있고, 세미나 또는 강의 신청 웹사이트 유입일 수도 있다. 나의 경우 고객 DB 확보는 잠재 고객 캠페인으로 광고하고, 세미나 또는 강의 신청 웹사이트 유입은 전환 캠페인을 통해 광고한다. 전환 캠페인은 고객이 나의 플랫폼으로 어떻게 이동했고 어디에서 이탈되었는지 확인할 수 있는 중요한 자료를 제공한다. 우리는 이 자료를 바탕으로 가설을 검증하고, 피봇을 통해 전략을 수정하고, 새로운 가설을 만들어낼 수 있다. 이것을 설명하기 위해 마케팅 퍼널 모델 개념을 예로 제시해보겠다.

메인 페이지에 들어갔다가 나간 사용자는 퍼널 모델 가장 상위 TOFU Top Of the Funnel Model라고 한다. 제품 상세페이지까지 들어갔다가 나간 사용자는 퍼널 모델 중간 MOFU Middle Of the Funnel Model다. 장바구니에 들어왔다가 나간 사용자는 퍼널 모델 하단 BOFU Bottom Of the Funnel Model로 정의한다. 전환 캠페인을 통한 데이터 지표로 우리는 전략을 수정해야 한다.

TOFU는 우리 브랜드를 기억하지 못하는 고객이다. 따라서 고객의 흥미를 끌 만한 광고 콘텐츠를 기획해야 한다. 하루에도 수백 개의 광고 메시지를 본 그들을 잡기 위해 유용한 정보나 흥미를 가질 만한 내용을 카드뉴스 또는 영상으로 제작해 우리 브랜드를 간접적으로 알리는 전략이 중요하다.

MOFU는 우리 브랜드를 기억만 하고 있는 고객이다. 고객 데이터를 확보하고 이메일을 통해 정보를 제공하고 설득되지 않았던 고객에게 우리 브랜드를 인지하게 해야 한다. 우리 브랜드를 구매하기 전 먼저 체험해보게 하는 것이 중요하다. 샘플 또는 무료 소책자 등 잠재 고객으로 육성해나가야 한다.

BOFU는 우리 브랜드를 인지하고 있지만 아직 고민하고 있는 고객이다. 우리는 그들에게 할인, 프로모션, 행동 촉구 등의 메시지를 전달해야 한다. 장바구니에 물건은 담았지만 아직 구매하기를 주저하는 이유는 비싼 가격이나 가치의 부족일 수도 있다. 이들을 위한 할인 프로모션, 멤버십 등 결제를 할 수 밖에 없는 특별한 이벤트를 기획해야 한다. 데이터 값에 어떤 유형의 고객층이 가장 많았는지 판단하고 전략을 수정해야 한다.

Chapter 05

페이스북 퍼포먼스 마케팅 3단계: AB 테스트

AB 테스트는 목적이 있어야 한다. 즉, 가설을 검증하기 위한 목적이다. 만약 상품이라면 어떤 상품이 가장 잘 팔리는지 테스트하는 것일 수 있다. 어떤 카피가 가장 효과적인지 알아볼 수 있는 테스트일 수도 있다. AB 테스트는 전환 캠페인 광고를 세팅할 때 상품의 주타깃 고객의 나이, 성별, 카피, 상세페이지 이미지 등을 정확하게 설정하는 데 매우 유용하다. 전환 캠페인으로 예시를 들어보겠다.

나이로 AB 테스트를 해본다면 페이스북의 만 나이를 계산해 19~28까지 20대로 광고 1개 세트를 구성한다. 광고 세트를 복사해 30대, 40대, 50대 세트를 추가한다. AB 세트는 궁금한 변수 값을 확인하기 위한 것이다. 그래서 만약 나의 상품이나 서비스가 어떤 연령대를 타깃으로 하는 것이 가장 좋은지 체크하려면 연령을 제외한 나머지 광고 세팅 값을 전부 동일하게 설정해야 한다. 그래야 더욱 정확한 테스트를 진행할 수 있다.

이렇게 AB 테스트를 하는 이유는 간단하다. 핵심 타깃을 명확히 해야 후킹할 수 있는 카피 또는 랜딩페이지에 사용하는 후기나 메시지가 더욱 정확해지기 때문이다. 페이스북 마케팅은 단지 광고 송출로 끝나는 것이 아니다. 광고 결과 값을 보고 퍼널 모델을 통해 고객이 어디서 빠져나갔는지 확인하고 개선해나가는 것이 가장 큰 목적이다.

페이스북 광고로 가설을 검증하고 빵 터진 광고나 메시지는 광고를 확장해나가기만 하면 된다. 핵심 타깃을 누구로 잡을 것인지, 고객에게 어떤 메시지를 보내야 고객들을 움직이게 할 수 있는지를 알아야 한다. 핵심 타깃과 고객에게 보낼 메시지를 AB 테스트를 통해 세분화했다면 광고로 확장하는 것은 너무 간단하고 쉬운 일이다.

Chapter 06

페이스북 퍼포먼스 마케팅 4단계: 리마케팅

페이스북 광고는 광고비를 지출하는 마케팅이다. 따라서 광고비를 효율적으로 쓰는 것이 중요하다. 리마케팅은 우리 브랜드에 관심을 보였던 사람들에게 다시 한번 광고를 하는 것이다. 페이스북 페이지에 참여한 사용자들을 리마케팅 모수로 묶기 위해 페이스북 페이지에서 맞춤 타깃을 정의해보겠다.

- ▶ 맞춤 타깃을 생성할 페이지를 선택한다.
- ▶ 페이지를 통한 광고를 클릭하거나 관심을 가진 모든 사람을 대상으로 리마케팅 모수를 만들고, 타깃 생성 기준 최근 날짜별로 사용자들을 분류한다.

▶ 타깃의 이름이나 날짜를 분류하고, '타깃 만들기'를 누르면 맞춤 타깃 생성이 끝난다.

리마케팅이 바로 구매로 이어지는 것은 아니다. 그러나 우리의 광고를 보고 특정 행동을 했던 사람들이기 때문에 그들에게 특별한 혜택이나 서비스를 추가로 제공한다면 바로 구매로 전환하는 최고의 고객이 될 수 있다.

Chapter 07

페이스북 퍼포먼스 마케팅 5단계: 픽셀 코드

페이스북에서 가장 중요한 개념은 픽셀 코드다. 픽셀을 심지 않으면 페이스북 광고를 안 하느니만 못하다고 말할 정도다. 페이스북 안에서 특정 행동을 발생시킨 사용자들은 리마케팅 모수로 묶어 광고를 게재할 수 있다. 하지만 페이스북 바깥(웹사이트 등)으로 이동한 사용자를 리마케팅 모수로 저장하는 것은 어렵다. 이러한 페이스북 바깥의 행동을 기록해 페이스북 리마케팅 광고를 도와주는 도구가 바로 페이스북 픽셀이다. 웹사이트를 구성하는 언어는 크게 3가지로 나뉜다.

1. HTML

2. CSS

3. 자바스크립트

HTML은 웹사이트 레이아웃을 관장하는 기본적인 언어다. 그래서 대부분 친숙한 편이다. 페이스북 픽셀은 3가지 언어 중 자바스크립트 언어다. 광고 관리자 상단 메뉴 픽셀로 이동하면 고유한 픽셀을 만들 수 있다. 페이스북 픽셀은 기본 픽셀과 이벤트 픽셀로 나뉜다. 기본 픽셀과 이벤트 픽셀은 웹사이트와 웹페이지에 각각 심을 수 있다.

쇼핑몰 사이트를 예로 들어보자. 쇼핑몰 사이트는 메인 페이지, 제품 페이지, 장바구니 등 다양한 페이지로 구성되어 있다. 이런 각각의 페이지를 웹페이지라고 부른다. 그리고 웹페이지가 묶여 있는 하나의 쇼핑몰을 웹사이트라고 부른다. 그렇다면 픽셀은 어떻게 심어야 할까? 페이스북 기본 픽셀은 반드시 모든 웹페이지에 삽입되어야 한다. 이벤트 픽셀은 이벤트가 발생하는 특정 웹페이지에만 심어준다.

즉, 결제를 하려고 장바구니까지 도달한 사람들을 위해 이벤트 픽셀을 심고 싶다면 장바구니 페이지에만 이벤트 픽셀을 심어주면 된다. 이렇게 픽셀을 심어주면 우리가 지금 하고 있는 페이스북 광고가 사용자들을 장바구니로 이끄는 데 얼마만큼 기여했는지 그 성과를 실시간으로 볼 수 있다. 또한 우리 사이트의 행동 흐름을 페이스북 픽셀로 관찰할 수 있다. 페이스북 픽셀은 고객의 이동 경로를 파악하는 데도 용이하다. 또한 고객이 어디에서 이탈했는지도 확인할 수 있기 때문에 문제점을 찾고 보완하는 데 큰 도움이 된다.

핵심 내용

- 1단계: 내가 팔려고 하는 상품 및 서비스를 결정하고 가설을 세운다.
- 2단계: 나의 상품 및 서비스와 관련된 소책자나 샘플을 준비한다.
- 3단계: 클릭을 유도하는 카피를 만들고 랜딩페이지를 제작한다.
- 4단계: 페이스북 마케팅을 통해 가설을 2가지 방식으로 검증한다.
  - 고객 DB 확보: 잠재 고객 육성 전략
  - 직접 행동 촉구: 세미나, 판매, 웹사이트 유도(전환 캠페인, 픽셀 설치)

핵심 과제

소책자 또는 샘플을 제작하고 페이스북을 통해 잠재 고객 DB를 확보하자.

PART 05

마케팅을
자동화하라

Chapter 01

팔로워나 구독자 1만 명보다 1천 명에 주목하라

인스타 팔로워 1만, 유튜브 구독자 1만! 생각만 해도 기분 좋아지는 일이 아닐 수 없다. 무엇보다 나의 메시지에 관심을 갖고 팔로우나 구독을 해준 것이니까. 하지만 특별한 재능도, 뛰어난 외모도 가지고 있지 않은 일반인이 팔로워나 구독자 1만 명을 찍는 것은 쉬운 일이 아니다. 팔로워나 구독자 1만 명보다 1천 명에 주목하라고 말하는 이유는 바로 고객 DB 1,000개 때문이다. 1만 명의 팔로워나 구독자는 나의 충성 팬이자 잠재 고객일 수 있다. 그러나 실제 그들 중 구매로 이어지는 비율은 나의 잠재 고객 DB 1,000명보다 낮을 수 있다.

여기서 가장 중요한 점은 잠재 고객에게는 먼저 판매하려고 하지 말고, 무료로 필요한 것을 주어야 한다는 것이다.

흔히 마케팅을 연애에 비유하곤 한다. 실제로 마케팅을 잘하는 사람들은 연애도 잘한다는 소문이 있다. 마케팅을 연애에 비유하는 이유는 신뢰 관계 때문이다. 처음 만나 한 시간도 안 되어 사귀자, 결혼하자라고 말하면 과연 승낙할 사람이 몇 명이나 될까? 외모 지상주의라고 말하는 요즘이니 외모가 차은우나 원빈 정도 된다면 가능할 수도 있겠다. 이런 변수는 마케팅에서도 동일하다. 엄청나게 좋은 제품을 말도 안 되는 가격으로 싸게 팔면 가능하다. 하지만 과연 그렇게 팔고도 남는 것이 있을까?

이런 뛰어난 외모처럼 획기적인 상품이 아니라면, 연애든 마케팅이든 무엇보다 신뢰, 공감, 전략이 중요하다. 처음부터 판매하려고 하는 것보다 그들이 가진 문제점에 귀 기울이고, 해결책을 찾아주며, 잠재 고객에게 가치 있는 무언가를 제공하는 것이다. 여러분이 제품을 판매해야 한다면 고객에게 구매 전에 사용해보기를 권하는 것이다. 이는 고객을 늘리는 가장 강력한 방법 중 하나다. "구매 전 무료 테스트!" 이미 많은 기업이 효과를 본 전략이라는 점을 기억하길 바란다. 이런 미끼 상품의 핵심은 고객 입장에서 손실이 될 만한 것이 없다고 생각하게 만드는 것이다. 또한 일단 상품을 경험하게 하며 만족도를 높여 손실 의심을 없애 유료 구매까지 이어지도록 하는 것이다.

이 전략은 제품에만 국한되지 않는다. 오히려 지식 상품의 경우 실제 고객이 겪고 있을 문제를 해결하는 데 힌트를 줌으로써 더 강력한 구매 동기로 이어진다. 나는 독서 다음으로 좋아하는 취미가 영화 감상이다. 그중 공포 영화를 매우 좋아하는 편이다. 코로나가 가장 심각했던 시기에 극장에서 영화가 거의 개봉되지 않았다. 이 시기에 고속으로 성장한 넷플릭스는 '1개월 무료'라는 강력한 미끼 상품을 던졌다. 나도 영화 〈킹덤〉에 끌려 1개월만 보고 탈퇴해야겠다고 생각했는데 〈오징어 게임〉을 거쳐 지금까지도 구독 중이다. 처음에 제공하는 무료 자료 샘플을 아까워하지 말아야 한다.

지금 제공하는 무료는 우리에게 더 큰 성공으로 돌아온다고 믿어야 한다. 우리가 먼저 마음속에 가져야 할 목표는 단 한 가지다. "우리의 목표는 구매 고객이 원하는 결과를 성취하는 것!" 구매 고객이 만족스러운 결과를 얻으면 긍정적인 피드백을 소셜 미디어에 공유한다. 고객의 만족스러운 결과를 통한 후기만큼 강력한 무기는 없다. 당신의 마케팅 목적은 단순한 거래 성사가 아니라, 열렬한 팬을 만드는 것이라고 생각하자. 만약 여러분의 상품이 지식 상품이나 서비스라면 고객이 관심을 가질 만한 '무료 PDF'를 발행하고 다운로드 받게 하자. 이것이 시작이다.

Chapter 02

고객 DB를 모은 후 자동화해야 한다

나의 제품이나 서비스를 무료로 이용한 고객은 DB를 남긴다. 이후 내가 운영하는 플랫폼으로 유입시키고 잠재 고객을 육성하기 위한 메시지는 모두 자동화로 이루어진다. 이렇게 자동화로 고객에게 정보를 제공하는 것의 핵심은 이메일 마케팅이다. 이메일 마케팅에 관해 이야기하면 대부분의 반응은 이렇다. 요즘에 이메일을 누가 확인하나? 그런데 사람들은 이메일을 확인한다.

내가 확인을 잘 안 한다고 고객도 확인을 안 할 것이라 생각하는 것은 성급한 일반화의 오류다. 다른 대부분의 사람들도 여러분과 같은 생각을 하고 있다. 그래서 더욱 이메일 마케팅을 해야 하는 것이다. 남들이 안 하는 것, 경쟁이 적은 것을 해야 여러분의 메시지가 고객에게 도달할 확률이 더 높아진다. 한 가지만 생각해보자. 오늘 스쳐 지나갔던 광고 중에 지금 기억나는 업체 이름이나 제품이 있는가? 잠재 고객이 방문한 수백 곳의 웹사이트 중 당신의 웹사이트를 기억해 다시 찾을 확률은 터무니없을 정도로 낮다.

계속 광고를 통해 여러분의 메시지를 전달해야 한다면 광고비 부담 역시 터무니없이 높아질 것이다. 이메일 마케팅은 최소한의 자본으로 잠재 고객을 육성하는 전략이다. 실제 국내에서 이메일 마케팅 자동화를 통해 성장하고 있는 케이스를 찾아볼 수 있다. 대형 유튜버 에이든 강의 유튜브 채널을 방문하면 '아마존 창업에 관한 무료 PDF'를 다운로드할 수 있다. 다운로드를 하려면 여러분의 이름, 이메일 주소, 전화번호를 입력해야 한다. 그런 다음에야 자동화된 메일을 통해 에이든 강의 아마존 창업에 관한 다양한 인사이트 사례를 메일로 확인할 수 있다.

국내에서만 아직 이메일 마케팅이 널리 보급되지 않았을 뿐, 미국이나 일본에서는 이미 10여 년 전부터 사용해온 방식이다. 마케팅은 미국이나 일본이 국내보다 최소 5년 이상 빠르다. 국내에서도 서서히 이메일 마케팅 자동화를 활용한 사례들이 늘어난다는 것은 반가운 상황이다. 하지만 오늘의 성공적인 마케팅 방법이 내일도 성공적인 방법은 아닐 수도 있다. 이처럼 이메일 마케팅으로 성공한 사례들이 늘어나면 너도나도 뛰어들 것이고, 이후에는 효과적인 글쓰기와 카피 제품의 완성도 등 고려해야 할 요소가 훨씬 늘어날 것이다. 경쟁이 치열하기 전에 하루라도 빨리 적용해보길 바란다. 이메일 마케팅 자동화를 적용하기 전에 다음 3가지는 반드시 기억해야 한다.

① 구독자가 당신의 이메일을 열게 한다

주목할 만한 제목을 붙이고 잠재 고객의 수신함에 가득 찬 이메일 속에 당신의 이메일을 클릭하도록 만들어야 한다. 고객에게 이메일을 보낼 때는 스쳐 지나가는 무수한 이메일 중 하나가 아닌 흥미를 느껴 열어보게 하는 특별한 이메일로 만들어야 한다. 지난 챕터에서 만들었던 매력적인 당신만의 카피를 적극 활용하길 바란다.

② 구독자가 당신의 이메일을 읽게 만든다

본문의 예고와 요약을 담아 전체적인 길이를 짧게 유지시키고 '더 읽어보기'라는 링크를 통해 당신의 웹사이트나 블로그로 유입시켜야 한다. 이 방법은 2가지의 효과를 얻을 수 있다. 하나는 블로그의 유입을 늘리는 것이고, 다른 하나는 고객에게 전문성과 신뢰성을 심어주는 것이다.

③ 구독자에게 이메일을 확실히 전달한다

이메일을 보낼 때 주의 사항은 “무언가를 구매하세요”라는 메시지를 절대 보내지 않는 것이다. 구매를 촉구하는 메시지는 충분한 신뢰가 쌓이고 내 메시지가 고객에게 확실히 도착했을 때 한두 번이면 충분하다. 고객에게 가치 있는 정보를 먼저 제공하길 바란다. 여러분의 구매 촉구 메시지는 당신의 이메일이 스팸 처리되게 하는 지름길이다. 또 하나 주의 사항은 너무 많은 이미지나 너무 많은 링크를 포함하지 않도록 하는 것이다. 링크는 메일당 한두 개면 충분하다. 여러분의 블로그, 유튜브, 네이버 카페 등 대표적인 플랫폼 한두 가지 링크만 걸어두길 바란다.

Chapter 03

이메일 마케팅 시 주의 사항

① 스팸메일은 보내지 마라

광고 이메일을 보내려면 수신인의 동의를 받아야 한다. 사전 동의 없는 이메일은 불법이기 때문이다. 여러분의 무료 자료나 무료 샘플을 통해 수집하고 동의를 받은 고객 이메일 정보로만 이메일 마케팅을 시작하길 바란다.

② 이메일을 자동화하라

재피어zapier, 메일침프mailchimp 등 저렴하고 사용하기 쉬운 상업적 이메일 광고 시스템을 적극 활용하길 바란다. 첫날 환영 이메일을 시작으로 고객이 궁금해하는 정보를 보내고, 마지막에는 상담 예약 전화 또는 세미나 참가를 하도록 유도하는 메일을 자동적으로 보내도록 만들어야 한다.

③ 정기적으로 이메일을 보내라

내가 보낸 메일을 잘 읽지 않는다고 실망할 필요는 없다. 고객이 우연히 이메일 함을 정리하거나 업무상 이메일을 확인할 때 호기심으로 우리 메일을 확인한다면 얼마든지 고객을 다시 우리의 메시지에 동참시킬 수 있다.

④ 우리는 사람임을 기억하라

수천 명에게 보내더라도 마치 단 한 사람에게 보내는 것처럼 쓰고 반드시 그 사람의 이름으로 보내길 바란다. 수백, 수천 명에게 대량으로 보낸 것 같은 메시지에 반응하는 고객은 없다.

⑤ 이메일에 가치를 부여하라

판매만을 목적으로 이메일을 보낸다면 당신의 이메일은 무시되거나 스팸으로 분류될 수 있다. 세 번 정도 고객에게 도움이 되는 가치 있는 정보성 메일을 보내고, 한 번 정도 구매를 권유하거나 컨설팅 등에 참여를 유도하는 이메일을 보내는 것이 비율상 적절하다.

Chapter 04

양질의 콘텐츠로 이메일 마케팅을 하라

이메일 마케팅에서 가장 중요한 것은 고객에게 흥미를 불러일으키는 카피라이팅이다. 고객의 눈길을 끄는 가장 효과적인 방법은 나의 이메일을 읽지 않았을 때 얻게 되는 손해나 고통을 강조하는 것이다. 이런 카피는 수많은 이메일 속에 여러분의 이메일에 관심을 집중시키는 데 효과적이다. 이메일 마케팅 과정까지 온 여러분은 핵심 타깃과 그들의 문제에 대한 명확한 답이 그려져 있을 것이다. 만일 아직 정해지지 않았다면 다음 단계로 넘어가기 전에 이 책의 처음으로 돌아가 핵심 타깃을 명확히 설정하고 어떤 메시지를 전달해야 할지 고민해보길 바란다.

① 수신자가 직면하고 있는 문제를 말한다

문제를 방치할 때 초래될 결과를 먼저 말하고 "문제를 해결하지 않으면 어떻게 될까?"에 대한 답을 제공하기만 하면 된다. 당신이 제시하는 해결책은 수신자가 직면한 구체적인 문제에 대한 확실한 솔루션을 주는가? 고객의 문제를 세밀하게 나누어 언급할수록 여러분의 이메일이 읽힐 가능성은 높아진다.

② 첫 문장의 목적

첫 문장의 목적은 두 번째 문장을 읽게 만드는 것이다. 첫 문장에 고객의 문제를 말하고, 두 번째 문장에서 풀어나가고, 글 마지막에는 구체적인 방법을 적어야 한다. 글을 끝까지 읽게 하는 것이 핵심이다. 이 과정에서 읽는 이의 관심을 낚아채고, 서신 작성자(회사나 개인)의 신용을 구축해야 한다.

③ 추신의 힘

많은 연구에 따르면, 추신은 영업 메시지에서 두 번째로 많이 읽히는 부분이다(첫 번째로 많이 읽히는 것은 첫 문장). 수신자가 행동으로 옮겼으면 하는 부분을 추신에서 반복해야 한다. 한 편의 이메일 마케팅은 좋은 출발이지만 세 편을 연달아 보내면 훨씬 더 좋은 반응을 얻을 수 있다.

Chapter 05

자동화 마케팅의 순서와 과정

자동화 마케팅의 가장 중요한 핵심은 다음 4가지다.

1. 자동화 이메일 구축하기
2. 최소 5일간은 연달아 보내기
3. 정기적으로 보내기(주 1회 또는 월 1회)
4. 나의 플랫폼으로 연결하기

여러분의 마케팅 대상이 기업이라면 두 번째 영업 서신은 첫 번째 발송 후 30일이 지난 뒤에, 세 번째는 그다음 30일이 지난 뒤에 보내야 한다. 마케팅 대상이 개인 소비자라면 초반 5일은 연달아 보내고, 5일째 구매 촉구 메시지를 보낸다. 그 후 2주 또는 30일이 지난 뒤 다시 보내야 한다. 메시지를 발송할 때 메시지에는 각 수신자의 이름이 들어가야 한다. 하단의 예시를 보면서 어떤 메시지를 보내야 할지 고민해보길 바란다. 제품이나 서비스에 따라 마케팅 방법이 달라지듯, 메시지는 업종 및 제품 서비스에 따라 차이가 날 수밖에 없다. 하지만 효과적인 메시지를 만들고 이메일을 꾸준히 보낸다면 여러분은 구독자와 강력한 관계를 구축하는 길로 접어들 것이다.

1일차 메시지

퍼포먼스 마케팅으로 확보한 고객 DB를 통해 소책자를 잘 받아보았는지 확인하고 "더 많은 정보를 무료로 제공하겠다"라는 메시지를 보낸다. 그 후, 이메일로 링크를 보내 수신자가 무료 리포트 받아보게 한다. 전자책 다운로드를 받기 위해 고객들은 DB를 남긴다. 반드시 정기 이메일을 보낸다는 것에 동의를 받아야 한다.

2일차 메시지

첫 번째 메시지를 받았는지 확인하는 후속 메시지를 보낸다. 혹시라도 메시지를 안 읽었다면 뭔가 손해를 볼 수 있을 것 같은 느낌을 주어야 한다. 처음 작성한 소책자 2탄 또는 블로그 링크를 통해 다양한 정보를 무료로 제공한다는 느낌이 중요하다.

3일차 메시지

1일차와 2일차의 메세지를 강조하며 호기심을 자극한다.

4일차 메시지

당신이 해준 조언을 듣고 실제 적용한 사람들이 어떻게 잘 활용하고 있는지 스토리를 들려준다. 나의 성공담이 아닌 메시지를 통해 성공한 다른 사람들의 후기를 들려주어야 한다. 구독자와 비슷한 처지의 사람이 당신의 조언에 따라 문제를 해결했다는 사실만 전달하면 된다. 고객의 실제 후기 글이나 문제를 해결한 수강생의 영상 후기 등을 걸어주는 것이 좋다.

5일차 메시지

리포트에 포함되지 않은 조언이나 아이디어를 추가적으로 제공하고 무료 세미나 또는 무료 컨설팅을 제안한다. 구매를 촉구하는 고가의 강의나 상품 서비스인 경우에는 무료 설명회 또는 무료 세미나를 통해 접근성을 낮추고 친밀도를 높이는 것이 중요하다.

2주 후 다시 이 문제로 고민했던 다른 고객들의 질문 사항 및 해결 과정, 해결한 이후 고객의 변화 등을 후기 또는 영상으로 링크를 걸어 이메일로 보낸다. 2주 후부터 보내는 메일은 고객에게 행동을 촉구해야 한다. 여러분이 운영하는 플랫폼(유튜브, 블로그, 카페, 오픈 채팅 등)처럼 여러분이 더 쉽게 메시지를 전할 수 있는 곳으로 고객을 끌어당기는 전략도 중요하다.

정기 메일 30일

아직 결정하지 못한 잠재 고객의 정보는 따로 데이터베이스화해두고 그들에게 정기적인 이메일을 보낸다. 이 과정에서 일부는 읽지 않거나 여러분의 메시지를 거부하는 고객도 생겨날 수 있다. 그렇다고 실망하지 말라. 이 과정까지 왔을 때 여러분의 메시지에 관심이 없는 고객은 여러분의 상품이나 서비스를 구매하지 않을 고객이다. 오히려 이런 잠재 고객을 걸러냄으로써 여러분의 자동화 이메일에 들어가는 비용을 절약할 수 있다. 우리는 얼마든지 잠재 고객 DB를 확보할 수 있다.

이제 다시 가설을 세우고 메시지와 정보를 전달하기만 하면 된다. 패스트 마케팅의 핵심은 가설-검증-확장 과정을 반복하는 것이다. 자동화된 스텝메일은 영업 사원이 고객에게 안부 전화를 거는 것과 똑같다. 한두 번 오는 영업 사원의 전화나 메시지는 분명 귀찮은 스팸이다. 하지만 한 달에 한 번씩 수년 동안 오는 전화나 메시지는 오히려 성실과 신뢰의 이미지로 다가온다. 영업과 마케팅은 동일하다. 여러분의 상품이나 서비스를 한 번에 구매한 고객은 마침 그때 딱 필요했던 고객뿐이다. 여러분의 사업을 운에만 맡기고 있을 것인가?

고객에게 꾸준히 정보를 제공하고 그들이 한 계단씩 올라오도록 기다려줘야 한다.

Chapter 06

문자메시지, 카카오톡 마케팅도 자동화해야 한다

여러분은 이제 고객 DB를 확보했다. 그렇다. 우리는 고객의 전화번호까지 확보한 것이다. 바쁜 현대인들은 이메일을 잘 확인하지 않는다. 전화번호를 확보한 이유가 이것이다. 고객 이메일로 자동화해서 이메일을 보냈는데 이메일을 잘 확인하지 않는 고객들에게 어떻게 이메일을 확인할 수 있도록 만들까? 이 문제는 메시지 자동화로 해결이 가능하다.

바로 여러분이 보낸 이메일을 고객이 열어보게 만드는 장치가 바로 메시지 마케팅 자동화다. 이쯤에서 무릎을 탁 치며 '아!!!' 하는 분들도 있으리라 생각된다. 메시지 마케팅 자동화는 여러분이 이메일을 보낸 시기에 자동화된 메시지로 고객이 요청한 자료가 이메일로 도착했다는 것을 알려주는 역할을 한다.

메시지 마케팅의 핵심은 흥미를 끌만 한 이메일 카피를 메시지 마케팅 자동화를 통해 보내는 것이다. 예를 들어보겠다. 고객 A는 블로그를 시작한 지 얼마 되지 않았다. 우연히 인스타그램 광고로 '블로그로 매월 1,000만 원씩 벌 수 있는 노하우 무료 공유'라는 카피에 끌려 다운로드를 신청한다. 한 시간 뒤 메시지를 통해 "고객님이 요청하신 블로그로 매월 1,000만 원씩 벌 수 있는 방법(무료 공유) 전자책이 이메일로 발송되었습니다"라는 문자를 확인한다. 이메일을 잘 확인하지 않던 A는 메시지를 통해 자료가 왔다는 것을 확인하고 이메일을 열어본다.

여기에서 가장 중요한 것은 여러분의 메시지가 스팸으로 처리되어서는 안 된다는 것이다. 고객에게 도움이 되는 이메일을 보내고 이메일이 도착했다는 것만 알려주는 역할로 메시지 마케팅 자동화를 활용하길 바란다. 자동화 마케팅의 핵심은 이메일 마케팅 자동화를 구축하고, 메시지 마케팅 자동화를 동시에 구축하는 것이다. 이를 통해 가만히 있어도 고객이 나의 플랫폼으로 이동하는 길을 만드는 것이다. 자동화 마케팅은 여러분의 강력한 무기가 될 것이다.

핵심 내용

마케팅 자동화

❶ 구독자가 당신의 이메일을 열게 하라.

❷ 구독자가 당신의 이메일을 읽게 만들어라.

❸ 구독자에게 이메일이 확실하게 전달되게 하라.

주의 사항

❶ 스팸메일을 보내지 말 것.

❷ 이메일을 자동화할 것.

❸ 정기적으로 이메일을 보낼 것.

❹ 각각 이메일에 받는 사람의 이름을 붙일 것.

❺ 이메일에 가치를 부여할 것.

핵심 과제

나의 상품 및 서비스를 소개할 내용을 일곱 번에 나눠서 보낼 이메일이라 생각하고 만들어보자.

PART 06

네이버
블로그로
돈 버는 방법

Chapter 01

블로그 1일 1포 하며 돈을 벌자

온라인 수익화 플랫폼 하면 가장 먼저 떠오르는 것이 네이버 블로그다. 그래서일까? 요즘 블로그 관련 강의가 정말 많다. '블로그로 월 1,000만 원 버는 방법' 등의 강의를 듣고 실제 블로그를 시작했다는 분을 주변에서 정말 많이 볼 수 있다. 하지만 실제 직장 월급 정도의 수익을 보장받는 경우는 극히 드문 것도 현실이다.

그 이유는 무엇일까? 꾸준히 1일 1포스팅을 하지 않아서? 글을 잘 쓰지 못해서? 전부 틀렸다. 결코 여러분의 탓이 아니다. 정답은 블로그의 고유한 특성 때문이다.

온라인 채널을 운영할 때는 나의 상품과 서비스의 장점, 단점,

핵심 타깃을 잡는 것은 중요하다. 그런데 어떤 채널을 활용해 찾느냐는 것도 중요하다. 물론 온라인 비즈니스는 모든 채널에 적극적으로 나의 상품과 서비스를 노출시켜야 한다. 하지만 1인 기업의 특성상 모든 채널에 에너지를 쏟기에는 시간과 금전의 한계가 있다. 각 채널의 특성을 파악하고 내가 집중해야 하는 메인 채널과 서브 채널을 정하고 메인 채널에서 서브 채널로 '가지치기'를 해야 한다.

나도 온라인 채널의 시작은 네이버 블로그였다. 무수한 강의를 듣고 수많은 책을 읽고 발품을 팔며 블로그 고수들을 찾아다녔다. 그렇게 오랫동안 블로그를 운영하면서 느낀 블로그 채널의 장점과 단점을 말해보고자 한다. 하지만 여기서 중요한 점은 블로그를 하지 말라는 것이 아니다. 정확히 알고 했으면 좋겠다는 마음에 작성한 것임을 밝힌다. 그리고 결론부터 말하자면 블로그는 무조건 해야 한다. 그것도 올바른 방법으로 해야 한다.

블로그를 올바르게 하는 방법은 네이버가 좋아하는 방식에 따라 1일 1포 하며 블로그의 노예가 되는 것이 아니다. 나의 플랫폼 홍보 및 나의 수익화를 위해 블로그를 활용하는 도구로 만드는 것이다.

Chapter 02

네이버 블로그의 장점과 단점

네이버 블로그의 장점

1. 투자금 없이 가능하다.

2. 타 SNS보다 비교적 쉽고 간단하다.

3. 수익화가 빠르다(체험단, 기자단, 원고 대행, 애드 포스트 등).

4. 타 SNS로 확장성이 좋다.

5. 네이버의 가장 대표적인 플랫폼이고 글쓰기 및 마케팅의 입문이다.

네이버 블로그는 마케팅에 처음 관심을 가진 사람들이 입문하기에 가장 적합한 플랫폼이다. 나의 글을 꾸준히 발행하기만 하면 되고, 글이나 이미지 동영상 올리는 방식도 쉽고 간단하다. 실제로 네이버나 유튜브에 '블로그 잘하는 방법'이라고 검색만 해도 다양한 정보를 접할 수 있다. 이렇게 정보를 얻고 꾸준히 글을 쓰는 것만으로도 내가 쓴 글을 상위에 노출시키고 체험단 등 다양한 방식으로 운영할 수 있다. 그래서 가장 빨리 수익화할 수 있는 방법이기도 하다.

네이버 애드 포스트는 너무 적은 수익으로 원성이 자자하지만, 나의 포스팅을 읽은 사람들이 광고를 클릭하는 것만으로 수익이 발생한다고 하니 누구나 쉽게 시작할 수 있는 것은 틀림없는 사실이다. 또한 '다음'의 대표적인 티스토리 블로그의 애드 센스는 네이버 블로그에 비해 더 많은 수익을 얻을 수 있다. 그러나 검색 노출 면에서 제약이 많고 애드 센스 통과는 애드 포스트에 비해 더 어렵다는 단점이 있다. 반면, 네이버 애드 포스트는 딱 3가지 조건만 충족하면 거의 통과된다. 그래서 쉽고 빠르게 수익화할 수 있다.

네이버 애드 포스트 신청 및 자격 조건

1. 블로그 생성 90일 이상
2. 총 발행 게시물 50개 이상
3. 네이버 심사: 방문자 수, 조회 수(1일 방문자 100명 이상이면 가능)

네이버 애드 포스트 신청 자격 조건에도 네이버가 원하는 블로그 운영 방법이 숨어 있다. 90일 동안 50개 발행, 게시물 50건, 1일 1포 또는 최소 2일 1포를 해야 한다는 일종의 규칙이다. 이렇게 네이버 기준에 맞게 블로그를 운영하면 내가 발행한 모든 글은 상위에 노출될까? 그렇지 않다. 만일 네이버 기준에 맞게 포스팅만 해도 상위에 노출된다면 패스트 마케팅이 아닌 블로그만 하라고 말했을 것이다. 네이버는 공식적으로 인정하고 있지 않지만, 네이버 블로그에는 '블로그 지수'라는 것이 존재한다. '저품질-일반-준최적-최적화' 4단계로 구성된 이 지수는 여러분이 최적화로 올라가기 전까지는 블로그 지수라는 순위에 의해 밀리거나 아예 노출되지 않는다.

블로그를 개설하고 오랫동안 꾸준히 포스팅을 해야 가능한 최적화! 기존에 블로그를 해왔던 사람에게만 유리한 블로그 지수! 이런 시스템 단점을 개선하기 위해 네이버에서는 로직의 변화를 주고 있다. 뒤에서 상위 노출 핵심 공식에서 자세히 다루겠지만 네이버 블로그의 핵심 공식은 딱 한 문장으로 요약이 가능하다. "한 가지 주제로 전문가가 쓴, 자신의 경험을 살린, 사람들이 좋아할 만한 양질의 글." 네이버 블로그는 '최신성 지수'라는 것이 존재한다. 블로그를 시작한 지 얼마 안 되었다면 최소 30일은 1,500자 이상의 양질의 글을 유사 이미지와 유사 문서를 피해 작성해야 한다.

네이버 블로그의 단점

1. 비교적 쉽고 간단하지만 경쟁이 심하다.
2. 최신성을 고려하기 때문에 꾸준히 발행해야 한다.
3. 블로그 수익화와 블로그 저품질은 떼려야 뗄 수 없는 관계다.
4. 로직이 계속 바뀌므로 블로그 공부를 꾸준히 해야 한다.
5. 노력 대비 저조한 방문자 수와 조회 수에 지치기 쉽다.

쉽고 간단하다는 점이 블로그의 장점이자 곧 단점이 된다. 지금 이 순간에도 새로운 블로그 글들이 수십만 건씩 올라오고 있다. 초기에 대형 유튜버들이 빠르게 성장할 수 있었던 이유는 바로 진입 장벽이 높다는 것이었다. 영상 촬영부터 편집까지 어렵다는 인식 때문에 쉽게 도전할 수 없었다. 그러나 먼저 성공한 유튜버들이 어렵지 않다는 것을 강조하며 유튜브 촬영 방법부터 편집 방법, 수익까지 공개하면서 많은 사람이 유튜브에 뛰어들기 시작했다. 그 결과 지금은 예전에 유튜브를 시작했던 사람들에 비해 쉽게 성장하기 힘들어졌다. 진입 장벽이 낮다는 것은 경쟁이 심하다는 것과 동일한 말이다. 네이버 블로그가 쉽고 간단하다는 것은 곧 경쟁이 치열하다는 것을 의미한다.

블로그는 꾸준히 발행해야 한다. 이 점이 '블로그 노예'가 되지 말고 블로그를 활용해야 하는 이유다. 대부분의 사람들은 상위에 노출되기 위해 네이버가 좋아하는 상위 노출 공식에 맞춰 '울며 겨자 먹기' 식으로 포스팅을 하고 있다. 나도 그랬다. 1일 1포스팅 블로그에 익숙해진 나는 하루에 1시간 정도 시간을 소비했다. 아마도 블로그에 익숙하지 않다면 최소 2~5시간 걸리는 사람도 많을 것이다. 꾸준히 발행해야 하는 블로그의 최신성 역시 블로그의 단점이라고 생각한다.

네이버 블로그 강의를 한 번이라도 들어본 적이 있다면 이미 알겠지만, 불법성, 상업성, 선정성이 있는 글은 네이버가 굉장히 싫어한다. 네이버 AI는 이런 포스팅을 찾아내고 여러분의 블로그를 저품질로 낙인찍는다. 하지만 "불법 성인 관련 포스팅을 한 적이 없는데 왜 저품질에 걸렸죠?"라는 질문을 종종 받곤 한다. 그럴 때 내가 하는 말은 늘 동일하다. 네이버 블로그 플랫폼은 불완전한 플랫폼이다. 블로그를 하고 있다면 언젠가는 저품질을 한 번쯤 경험할 수밖에 없다. 저품질에 걸릴 수 있는 요소가 워낙 다양하기 때문에 다음에 제시하는 원인들 중에 어디에 해당하는지 확인하면 된다. 블로그 저품질의 대표적인 원인은 다음 챕터에서 자세히 설명하겠다.

Chapter 03

블로그 저품질을 탈출하는 방법

대표적인 블로그 저품질 이유 12가지는 다음과 같다.

1. 유사 문서
2. 유사 이미지
3. 잦은 키워드 반복 및 도배
4. 주제와 상관없는 글
5. 불법
6. 성인
7. 도박 및 사행성

8. 상업적인 포스팅 반복

9. 병원, 의료, 의약품 허위 과장 및 과대 광고

10. 댓글, 공감, 조회 수를 늘려주는 마케팅 프로그램 사용

11. 한꺼번에 많은 문서를 수정하거나 삭제하는 경우

12. 외부 링크 과도한 사용

저품질에 걸리는 이유는 이외에도 많이 존재한다. 여기에서는 우리가 가장 쉽게 저지를 수 있는 대표적인 2가지 저품질 실수만 다루어보려고 한다. 첫 번째는 유사 문서, 유사 이미지, 상업적인 포스팅 반복이다. 유사 문서와 유사 이미지는 블로그 수익화 원고 아르바이트에서 가장 많이 겪게 된다. 원고 아르바이트의 경우 광고주가 광고 대행사에 일정한 수수료를 주고 상품이나 서비스의 장점을 잘 쓴 원고와 이미지를 의뢰한다.

대행사는 최대한 많은 블로그를 통해 글을 노출시켜야 하므로 건당 2만~5만 원을 제공하며 여러분의 블로그를 유혹한다. 여러분 중에는 이미 경험한 사람도 있을 것이다. 딱 5개의 글만 포스팅해도 여러분의 블로그는 확실하게 저품질의 나락으로 떨어진다. 예외는 거의 없다. 이런 원고 아르바이트는 동일한 이미지, 동일한 문서를 많은 블로거에게 제공한다. 그들은 "블로거 분들과 오래 거래해야 하므로 저품질 걱정은 하지 않으셔도 됩니다"라고 안심시킨다. 그러나 "제 블로그가 저품질에 걸린 것 같아요. 글들

이 노출이 안 돼요"라는 문의를 끝으로 더 이상 연락이 되지 않는다. 적게는 30일, 길게는 90일까지 1일 1포스팅 하며 이제 내 글들이 상위에 노출되고 방문자가 늘어나려고 하는데 저품질이라니… 정말 안타까운 일이다. 정해진 글과 이미지를 단순히 블로그에 올리면 된다는 원고 아르바이트는 절대 해서는 안 된다.

두 번째, 상업적인 포스팅 반복은 바로 체험단이나 기자단과 연관이 깊다. 블로그 수익화를 위해 체험단을 신청하고 기자단을 신청한 후 당첨됐다는 기쁨도 잠시다. 몇 개의 상품과 소정의 현금은 남았는데 어느 순간 내가 쓴 글은 전부 보이지 않고 정보성 글을 발행해도 어디에서도 찾을 수 없다. 물론 몇 번 했을 뿐인데 저품질에 빠지는 것은 아니다. 하지만 보통 체험단을 신청할 때 어떤 상품에 선정될지 모른다. 그래서 다양한 상품에 동시에 신청하고 기자단 역시 동일한 시기에 여러 곳에 신청한다. 여기에서 저품질의 위험에 노출된다. 동시에 많은 상품과 서비스에 당첨되는 건 좋은 일이다. 그러나 마감 기한 역시 비슷하기 때문에 한동안 상업적인 홍보성 포스팅을 올리게 되고 저품질에 빠지게 된다. 절대 오해하지 말아야 할 것은 기자단이나 체험단 활동을 한다고 무조건 저품질에 걸리는 것은 아니다. 내가 말하는 것은 상업적인 글만 계속 포스팅을 하는 경우다.

저품질에 걸리지 않더라도 지나치게 상업적인 글을 반복하는 블로그는 '이 블로그는 제품 홍보만 하는 곳이구나!'라고 생각해 이웃들이 더 이상 방문하지 않을 수도 있다. 정보성 글과 상업적인 글을 적절히 배분해가며 블로그를 운영하는 걸 추천한다. 1일 1포스팅 하며 수익화를 위해 노력해왔는데 이제 와서 하지 말라니 뭔가 아이러니하다. 바로 이런 점 때문에 블로그 자체로 수익을 얻는 방법보다 블로그로 브랜딩을 하고 수익을 얻는 것이 훨씬 효과적이고 현명한 방법이다. 뒤에 이어서 저품질 탈출 방법과 올바른 블로그 수익화 빙법도 소개하겠다.

네이버에서 노출 이상 유무 확인 방법

1. 포스팅의 제목을 복사해서 양 옆에 큰따옴표("")를 붙여 통합 검색
   예시) "내가 쓴 포스팅의 제목"
2. 통합 검색과 VIEW 탭에서 검색 반영이 제대로 나오지 않는다면 노출에 이상이 있다는 뜻이다.
3. 24시간이 지난 후 위와 같은 방법으로 다시 검색해도 나오지 않는다면 저품질에 빠져 있을 확률이 높다.

저품질 대처 방법 1

1. 날짜 기준으로 방문자 수가 감소한 시점에 어떤 포스팅을 했는지 찾는다.
2. 해당 포스팅을 찾았다면 포스팅을 비공개한다.

3. 문제가 되는 포스팅이 몇 개 있다면 몇 일 단위로 시간을 두고 한 개씩 삭제하거나 비공개 처리한다. 단, 절대로 한 번에 삭제하거나 비공개로 전환하지 말아야 한다.
4. 대부분의 포스팅이 저품질이 아니고 몇 개 정도의 포스팅 내용에서 저품질이 의심되는 경우에는, 일상 글과 정보성 포스팅 위주로 꾸준히 발행하면 블로그 지수가 다시 올라가 정상으로 돌아온다. 다만, 빠르게 정상으로 돌아오지 않을 수는 있다. 일주일 만에 정상으로 노출될 수도 있고, 한 달 이상 시간이 걸릴 수도 있다. 조급한 마음을 버리고 다시 블로그를 시작한다는 마음을 갖자.

저품질 대처 방법 2

블로그를 새로 만드는 방법이다. 네이버는 한 사람당 휴대폰 한 대 기준으로 3개의 아이디까지 생성할 수 있다. 추가 아이디를 만들고 블로그를 추가로 개설하는 방법이다. 처음부터 다시 시작해야 한다는 번거로움이 있다. 그러나 언제 다시 노출될지 모른다는 생각에 블로그가 저품질에 빠지면 가장 많이 사용하는 방법이다.

Chapter 04

블로그의 로직을 공부하라

블로그는 지금까지 계속 로직이 진화해왔다. 앞서 말했듯이 네이버는 검색 서비스를 제공하는 대한민국 최고의 광고 회사다. 대중매체는 시청자가 관심 있을 만한 방송을 기획하고 방송 시작 전 중간 방송이 끝나고 수익을 얻는다. 네이버 역시 사람들의 관심을 끌 만한 다양한 정보를 상위에 노출시키고, 중간중간 광고를 노출시키며 수익을 얻는다.

다시 말해, 네이버의 가장 큰 수입원은 바로 광고다. 네이버는 키워드 광고 등 다양한 광고 시스템을 통해 사람들이 많은 광고를 하길 원한다. 블로그 상위 노출로 자신의 제품이나 상품을 홍보하거나 마케팅 대행사가 상위 노출로 수익을 챙겨 가는 것을 과연 네이버가 좋게 생각할까? 많은 사람이 양질의 정보를 검색하기 위해 네이버 검색 서비스를 이용해야 하는데 상업적인 홍보성 글만 노출된다면 사람들은 네이버를 떠나게 된다. 이것을 과연 네이버는 어떻게 생각할까?

네이버는 검색 사용자에게 더 많은 정보와 정확하고 빠른 검색 서비스를 제공한다는 명목으로 로직을 계속 바꾸고 있다. 최근에 도입된 '에어서치&스마트블록' 로직은 전 세계 1위 구글이 국내 시장에서도 빠르게 추격해오자, 사용자 기반의 검색 시스템 구축을 위해 등장한 로직이다. '에어서치&스마트블록'은 유튜브나 넷플릭스가 사용자의 검색 결과에 따라 비슷한 주제를 알려준다는 면에서 비슷한 점이 많다. '뷰탭'의 등장으로 마케팅 대행사들이 큰 혼란을 겪었던 것처럼 '에어서치&스마트블록'은 2023년에 어떻게 네이버 검색 시장의 흐름을 바꿀지 모른다. 이렇게 네이버의 검색 로직이 변화할 때마다 여러분은 블로그 로직을 다시 공부하고 테스트해야 한다.

Chapter 05

블로그 로직 변화에 따른 상위 노출 핵심 공식

블로그의 로직 변화

2016년 이전: 리브라(Livra)

▼

2016년: C-RANK

▼

2018년: D.I.A

▼

2020년: D.I.A+

▼

2021년: BERT

2023년 지금의 로직은 C-RANK+D.I.A+BERT가 합쳐진 모델이다. 로직이 복잡해 보이지만, 한 가지 주제로 해당 분야의 전문가가 대중이 관심을 가질 만한 글을 꾸준히 네이버 블로그를 통해 발행하면 된다.

블로그에 일상적인 글을 꾸준히 올리기만 하면 블로그 지수가 좋아지던 시기가 있었다. 하루에 글 3개씩 45일 정도 올리면 최적화가 되어 상위에 노출되었다. 일부 블로그 강사 중 일기만 써도 최적화가 된다고 말하는 사람들도 있다. 예전 블로그 로직을 생각하고 있기 때문이다. 그러나 네이버 로직은 이미 진화했고 이는 네이버 카페에도 동일하게 적용된다. 단, 카페는 상위에 노출되는 조건으로 네이버 로직 외에도 좀 더 다양한 항목이 반영된다. 최근 블로그 로직은 작성자의 경험을 바탕으로, 직접 찍은 사진 경험에 의한 내용의 사실 여부, 작성자의 의견이 담긴 글을 중요하게 생각한다.

바로 이런 점 때문에 블로그는 브랜딩을 하기 위한 최적의 도구라고 생각한다. 최근에 네이버는 '에어서치&스마트블록'을 도입해 검색 사용자의 관심사 기반으로 검색되는 유튜브, 넷플릭스 알고리즘을 적극 활용하고 있다. 지금까지 15% 수준으로 일부 키워드에 적용되고 있지만, 검색 사용자의 반응을 확인한 후 점차 더 넓혀갈 것으로 예상된다. 현재까지 적용된 키워드를 확인했을 때, 네이버 인플루언서의 글이 가장 먼저 노출된다는 점을 봤을 때, 네이버는 인플루언서에게 더 많은 힘을 실어줄 것으로 보인다. 나만의 주제를 잡고 사람들이 관심을 가질 만한 글을 작성하는 것, 이것이 로직이 아무리 바뀌어도 상위에 노출되는 첫 번째 공식이다.

상위 노출을 위해 체크해야 할 블로그 지수 4가지

1. 블로그 활동성 지수
2. 블로그 인기도 지수
3. 글 주목도 지수
4. 글 인기도 지수

네이버 상위 노출과 관련해 블로그 강사들 역시 저마다 의견이 분분하지만, 위에서 말한 4가지가 중요하다는 점에는 대부분 동의한다. 이 4가지 지수는 나의 블로그에서 언제든 쉽게 확인이 가능하다. 나의 블로그에 들어가서 통계-블로그 평균 데이터를 확인하면 블로그를 주로 찾는 사람의 성별, 연령, 블로그에 머문 시간 등을 확인할 수 있다.

블로그를 통해 나의 글에 관심을 갖는 사람들을 확인하고 초반에 타깃을 설정하는 데도 도움이 된다. 단, 이것은 나의 이웃을 통해 유입된 방문자일 수 있기 때문에 하나의 가설로써 활용하는 것이 좋다.

① 블로그 활동성 지수란?

성실성, 일관성에 관한 지수다. 블로그 초반 30~60일 정도, 꾸준히 1일 1포 하라고 하는 이유가 바로 활동성 지수, 블로그의 최신성 때문이다. 이 지수 때문에 아무 글이나 그냥 1일 1포 하라고 강의했던 블로그 강사들도 일부 존재한다. 하지만 아무 글이나 1일 1포 해서 블로그 지수가 상승했던 시기는 2016년 C-RANK 로직 때다. 2023년인 현재에는 맞지 않는 말이다.

한 가지 주제로 글을 쓰는 것이 가장 좋지만, 소재의 고갈이 찾아올 수 있기 때문에 나의 일상 생각 등 한 가지 주제를 더 겸하는 것도 좋은 방법이다. 블로그는 단시간에 효과를 볼 수 있는 플랫폼은 아니다. 나의 시간과 노력을 갈아 넣어야 한다. 내 글을 오랫동안 상위에 노출시키고 싶다면, 1일 1포스팅 또는 최소 2일 1포스팅을 습관화하길 바란다.

② 블로그 인기도 지수

방문자 수, 방문 수, 페이지 뷰, 이웃 수, 스크랩 수를 포괄적으로 포함하는 개념이다. 특정 지표 하나만 올리면 된다기보다 다양한 요소를 종합적으로 높이는 전략이 좋다. 블로그 인기도 지수는 글 인기도 지수와 유사한 면이 많다. 블로그 초반이라면 많은 이웃과 소통하고 같이 공감하며 좋은 이웃을 만드는 것을 추천한다.

③ 글 인기도 지수

블로그 사용자의 활동성 지수다. 간단히 말해, 블로그의 글을 사람들이 얼마만큼 관심 있게 보는지를 판단하는 지수다. 네이버 로봇은 네이버에 사람들이 오래 머물게 해주는 글을 선호한다. 사람들이 오래 머물러야 그들에게 더 많은 광고를 노출할 수 있고, 이것은 네이버 수익에 영향을 주기 때문이다.

네이버 입장에서 여러분의 블로그는 하나의 소중한 광고판이다. 네이버에 오래 머물게 할수록 네이버 입장에서는 좋은 블로그다. 네이버에서 다른 채널로 자꾸 나가게 만든다면 여러분의 블로그는 네이버 입장에서는 도움이 되지 않는다. 그래서 검색 누락, 즉 저품질이라는 대가를 치르게 된다. 여기에서 방문자 수, 방문 수, 스크랩 수는 내가 임의로 늘릴 수 있는 것이 아니다. 방문자 수는 상위에 노출되거나 많은 이웃을 추가하거나 광고를 통해 유입을 늘리거나 프로그램을 통해 트래픽을 만들어내는 방법들이 필요하다.

여러분이 가장 쉽게 할 수 있는 방법은 이웃 수를 늘리는 것이다. 네이버 블로그에서는 1일 100명, 그리고 최대 5,000명까지 '서로이웃'을 늘릴 수 있게 제공하고 있다. 이웃 수를 늘려야 한다, 늘리지 않아도 된다, 말들이 많지만 나는 '서로이웃' 5,000명을 꽉 채우기를 추천한다. 블로그 지수에 이웃 자체가 주는 점수는 크지 않다. 하지만 이웃들의 공감이나 댓글은 초반에 블로그를 하면서 많은 도움이 된다. 이것이 소통의 즐거움이다. 이웃을 늘리고 그들의 블로그에 품앗이도 하고 이렇게 블로그에 재미를 붙여 나가면 된다. 이런 '찐 이웃' 100명만 있어도 블로그를 운영하는 재미뿐만 아니라 여러분의 브랜딩에도 충분히 도움이 된다.

페이지 뷰와 체류 시간은 상당히 중요하다. 페이지 뷰를 늘리는 방법은 2가지가 있다. 이 방법을 설명하기 전에 먼저 링크에 대한 개념부터 설명하겠다. 링크는 내부 링크와 외부 링크로 나뉜다. 내부 링크는 외부 사이트에서 나의 웹사이트로 연결되는 링크, 즉 유튜브, 티스토리, 페이스북 등의 다른 채널에서 나의 블로그로 들어오는 링크를 말한다.

외부 링크는 나의 웹사이트에서 외부 사이트로 연결되는 링크를 말한다. 내 블로그에서 유튜브, 인스타그램, 페이스북 등의 다른 채널로 연결되는 링크를 가리킨다. 눈치챈 사람도 있겠지만 네이버 기준으로 설명한 것이다. 페이지 뷰는 일반적으로 웹사이트에 이용자가 접속해 나의 게시물 1개를 보았을 때 '1페이지 뷰'라고 한다. 페이지 뷰는 순방문자 수 및 내부 링크와 관련 있다. 페이지 뷰가 많으면 많을수록 양질의 블로그로 판단하기 때문에 지수 올리기에 많은 도움이 된다. 너무 많은 링크보다 포스팅당 한두 개 정도만 넣는 것이 적당하다. 이렇게 페이지 뷰가 많으면 체류 시간은 같이 늘어난다.

그럼 다시 돌아와서 페이지 뷰를 늘리는 방법 2가지를 알아보

자. 첫 번째 방법은 블로그 글을 기획하고 작성하고 내부 링크를 활용해 나의 글을 엮어놓는 것이다. 여기서 가장 중요한 요소는 제목이다. 이 책 초반에 나오는 끌리는 카피 만들기를 활용해 글 하단에 내 블로그의 다른 글 링크를 걸어두고 사람들이 클릭할 수밖에 없는 제목을 붙인다. 그렇게 해서 내 블로그를 방문한 사람이 블로그의 글을 하나가 아닌 여러 개를 읽고 나간다면 블로그 지수의 빠른 상승에 도움이 된다. 블로그 글을 쓰기 전에 어떤 글을 쓸까 결정했다면 먼저 키워드를 찾고, (내 블로그 레벨에 맞는) 끌리는 제목을 만들고, 연관된 이미지를 준비하고, 블로그를 작성하길 바란다. 이렇게 습관화한다면 블로그 글쓰기 시간이 절반 이상 줄어들 것이다.

페이지 뷰를 늘리는 두 번째 방법은 인바운드 링크를 활용하는 것이다. 블로그 챌린지나 블로그 관련 오픈 방에 참여하고 홍보하는 시간에 나의 블로그 링크를 적극 홍보한다. 카카오 채널도 외부 채널이기 때문에 카카오 오픈 채팅방, 카카오뷰를 통해 나의 블로그로 유입되는 트래픽은 다른 채널에서 네이버로 유입되는 것이기 때문에 지수 상승에도 도움이 된다. 나도 카카오뷰를 통해 블로그 유입도 늘리고 매달 카카오뷰에서 수익도 얻고 있다. 처음에는 적은 수입이었지만, 글 한 편 쓰고 매월 몇만 원씩 자동 수익이 발생하는 셈이니 적극 추천한다.

④ 글 주목도 지수

노출 대비 클릭률을 보여주는 지수다. 상위에 노출되었는데 사람들의 클릭률, 즉 반응이 저조하다면, 네이버 로봇은 이 글은 좋지 않다고 판단해 다른 글을 위로 올린다. 글 주목도 지수를 올리는 방법은 키워드를 활용해 클릭하고 싶은 제목을 만들고 호기심이 생기는 썸네일을 만드는 것이다. 마케팅에서는 카피라이팅이 50%를 차지하지만 블로그에서는 무려 80%를 차지한다. 어떤 키워드로 어떤 제목을 넣었는지에 따라 글 주목도 지수가 확 달라진다. 나의 상품 서비스와 맞는 키워드를 찾고 그 키워드를 활용해 클릭하고 싶은 제목을 만들어보자.

무조건 상위에 노출되는 필승 꿀팁

나의 블로그를 상위에 노출시키고 조회 수를 높이고 싶다면 내가 쓰려고 하는 글을 먼저 검색하는 습관을 들여보자. 블로그 포스팅을 하기 전 다음의 순서를 꼭 기억하자.

1단계: 포스팅하려는 주제에 맞는 키워드 생각하기

2단계: 키워드 검색 프로그램을 활용해 조회 수와 경쟁 강도 확인하기

3단계: 연관 키워드로 내 블로그 레벨에 맞는 끌리는 제목 만들기

4단계: 네이버 검색창에 내가 사용하려고 하는 세부 키워드 검색하기

5단계: 상위 1~3위 블로그 확인하기

블로그를 상위에 노출하고 싶다면 상위에 어떤 글이 노출되어 있는지 검색해보는 것이 가장 확실한 방법이다. 지금 상위에 노출되어 있는 블로그 글이 언제 발행되었는지 확인하고 발행된 지 오래된 글이면 포스팅해볼 만하다. 대부분 상위에 노출되어 있는 글의 글자 수는 1,500자 이상인 경우가 많다. 내용을 어떻게 작성했는지, 이미지는 몇 장인지, 동영상이 같이 첨부되어 있는지 확인한다. 그리고 마지막으로 가장 중요한 블로그 지수를 파악한다. 개설된 지 오래되었고 꾸준히 포스팅을 하고 있다면, 블로그 지수 프로그램을 사용하지 않아도 꽤 높은 준최적 블로그일 확률이 높다. 상위에 노출하고 싶다면 상위 노출 블로그를 먼저 연구해야 한다.

Chapter 06

네이버 인플루언서에 도전하기

네이버 인플루언서는 기존에 존재했던 네이버의 파워블로그 정책과 유사하다. 네이버에서 인플루언서가 되면 다음과 같은 점에서 유리하다.

① 프리미엄 광고(헤드뷰&본문 삽입)

애드 포스트와 운영 방식은 동일하지만 단가에서 차이가 난다. 광고의 디자인도 일반 광고와 구별된다. 입찰 단가가 다르지만 일반 광고보다는 수익이 더 높다.

② 슈퍼 애드

인플루언서 중에서 신청한 사람에게 심사를 통해 네이버 메인을 기점으로 다양한 곳에 노출되는 광고와, 신뢰성을 기반으로 네이버 검색을 사용하는 다수에게 노출되는 광고로 채널 유입량 및 조회 수를 늘리기에 좋다. 사업을 연계해 블로그를 운영하고 있다면 훨씬 더 좋은 성과를 거둘 수 있다.

③ 각종 체험단 혜택 및 수익화 용이

블로그 체험단 상품에 인플루언서 전용 상품이 따로 있을 만큼 인플루언서는 상위 노출을 보장받는 편이다. 그래서 각종 체험 및 마케팅에 유리한 것이 사실이다. 네이버 자체에서 해주는 다양한 지원, 원고 제의 건수 증가와 고료 상승, 고가의 체험단 상품 등 다양하게 수익 라인을 늘릴 수 있다.

그렇다면 인플루언서에 도전하려면 가장 먼저 무엇을 해야 할까? 가장 먼저 인플루언서로 선정되는 주제부터 찾는 것이다. 네이버 인플루언서 센터에 들어가면 총 32가지의 카테고리가 있고, 그중 네이버 인플루언서가 될 수 있는 주제는 크게 12가지다.

1. 스타일: 패션, 뷰티
2. 게임

3. 푸드: 요리, 레시피

4. 동물, 펫

5. 여행

6. 라이프: 생활 건강, 육아, 리빙

7. 테크: IT, 자동차

8. 엔터테이먼트: 방송, 연애, 드라마, 대중음악, 영화

9. 경제·비즈니스

10. 스포츠

11. 컬처: 공연, 전시, 예술, 도서

12. 어학·교육

이 주제들 중 나와 잘 맞고 꾸준히 할 수 있는 주제를 찾는 것이 중요하다. 동시에 어떤 주제에 인플루언서가 많이 선정되는지 확인하는 것도 중요하다. 어학, 교육, 경제 인플루언서는 최근 거의 한두 명만 선정될 만큼 경쟁이 치열하다. 경쟁을 피하는 것이 가장 빠르게 성장하는 방법이다. 또한 각 주제별로 몇 명씩 인플루언서에 선정된다는 명확한 기준도 없어 최근에 어떤 주제의 인플루언서들이 많이 선정되는지 확인하고 도전해야 한다.

인플루언서 심사 기간은 첫 신청 시 7~14일 정도 소요된다. 그러나 지원하는 회차가 늘어날수록 심사에 걸리는 시간은 짧아진다. 단, 현재 정책이 바뀌어 2회 이상 지원한 경우 마지막 지원 날

짜부터 30일 경과 후 다시 지원할 수 있다.

네이버 블로그를 하지 않아도 네이버 인플루언서에 선정될 수는 있다. 하지만 이를 위해서는 인스타나 유튜브에서 이미 많은 구독자와 팔로워를 보유하고 있어야 한다. 네이버 인플루언서 심사에 유튜브 주소와 인스타 주소를 같이 남겨야 하는 것을 보면, 네이버 인플루언서 제도는 다른 채널에서 네이버로 많이 유입되길 바라는 네이버의 전략이 아닌가 하는 생각도 든다. 네이버 블로그로 인플루언서에 도전하고 싶다면, 내 블로그가 다음의 5가지에 해당되는지 먼저 확인해보길 바란다. 인플루언서에 선정되는 가장 확실한 방법은 다음 5가지로 요약할 수 있다.

1. 주제에 맞는 글 최소 200개 이상
2. 평균 방문자 수 500명 이상
3. (중요하지 않지만) 이웃 수가 최소 3,000명 이상
4. 다른 플랫폼 인스타, 유튜브 구독자 수는 많으면 좋지만 없다 해도 연계
5. 한 번 떨어졌다고 포기하지 말고 주제와 상관없는 글은 비공개하고 재도전

네이버 인플루언서는 블로그 자체로 수익화뿐 아니라 브랜딩 블로그에도 큰 도움이 된다. 또한 네이버에서 공식적으로 밀어주고 있는 제도이기 때문에 나의 상품과 서비스에 맞는 주제를 찾고 이와 연관된 글을 꾸준히 발행해보자.

Chapter 07

조회 수 폭발하는 패스트 블로그 법칙

네이버 블로그를 시작하면 가장 먼저 힘들게 느껴지는 것이 바로 1일 1포스팅이다. 그것도 최소 30~60일 동안 해도 내가 쓴 글이 상위에 노출된다는 보장이 없다. 나 역시 할 일은 많은데 꾸준히 블로그까지 해야 하니 '하루가 24시간이 아닌 240시간쯤 됐으면 좋겠다'라고 생각했을 정도다. 네이버 블로그는 무료로 나의 상품과 서비스를 광고할 수 있다. 맞는 말이다. 하지만 마케팅에서 가장 중요한 것은 시간과 비용 대비 효율이다. 그런 면에서 네이버 블로그는 시간 대비 효율이 매우 떨어지는 플랫폼이라는 생각을 떨쳐낼 수가 없다. 그런데 패스트 블로그는 네이버 블로그에서 중요하다는 다음의 3가지를 안 해도 된다.

1. 의미 없는 이웃 수를 늘리기 위해 열심히 댓글로 소통하지 않아도 된다.
   - 이웃 수 '0'이어도 팔리는 블로그가 패스트 블로그다.
2. 1일 1포스팅 하지 않아도 된다.
   - 힘들고 귀찮은 포스팅이 아닌 잠재 고객을 위한 포스팅만 하면 된다.
3. 조회 수나 방문자 수에 연연하지 않아도 된다.
   - 나와 상관도 없고 쓰기도 싫은 글을 조회 수를 높이기 위해 쓸 필요가 없다.
   - 패스트 블로그는 상위에 노출하고 조회 수가 자동으로 따라온다.

본격적으로 패스트 블로그를 설명하기에 앞서 한 가지 질문을 던져볼까 한다. 이 질문이 패스트 블로그에 가장 중요한 핵심이기 때문이다. 다음 중 여러분이 생각하는 마케팅은 무엇인가?

첫째, 10만 원을 투자해 일주일 만에 100만 원을 버는 것.

둘째, 0원을 투자해 한 달 만에 10만 원을 버는 것.

만약 여러분이 선택한 답이 두 번째 방법이라면 기존과 같은 방법으로 블로그를 운영하는 게 맞다. 다만, 시간은 좀 오래 걸릴 수 있다. 하지만 첫 번째를 선택했다면 이 책에 소개된 방법을 똑같이 적용해보길 추천한다.

패스트 블로그 1단계: 소책자 만들기

고객은 '인지-호기심-몰입-의심-욕구-구매-재구매'라는 사이클로 이어진다. 소책자는 바로 인지를 충족하는 전략이다. 소책자를 만들기 전에 기획, 타깃, 카피라이팅을 먼저 정한다. 10페이지 이하의 소책자 한 편을 제작한다. 소책자 만드는 방법은 앞에서 설명했기 때문에 생략한다. 이렇게 만든 소책자를 페이스북을 통해 무료로 광고한다.

패스트 블로그 2단계: 페이스북, 인스타로 퍼포먼스 높이기

페이스북을 가설 검증 도구로 삼는 이유는 내가 세운 가설에 실제 어떤 타깃이 주로 반응하는지 확인할 수 있기 때문이다. 핵심 타깃과 카피를 변경하면서 최적화된 타깃과 카피를 찾아내자.

패스트 블로그 3단계: 잠재 고객 리스트로 마케팅 자동화

1단계에서 무료로 나누어준 소책자의 다운로드는 잠재 고객 리스트를 얻는 역할뿐만 아니라 호기심을 불러일으키는 역할을 한다. 고객은 1차로 소책자를 통해 얻은 정보로 문제를 인식하고, 다음에 또 어떤 정보를 얻게 될지 기대한다. 소책자의 하단에는 더욱 많은 정보를 궁금해하는 고객을 위해 블로그, 유튜브, 오픈채팅방, 카페 등 여러분의 플랫폼으로 연결될 수 있는 링크를 걸어두면 된다.

이번 챕터는 패스트 블로그이기 때문에 블로그를 예시로 들어 보겠다. 여러분의 상품이나 서비스에 관심이 없던 고객들이 광고를 통해 상품이나 서비스를 인지하고 카피라이팅을 통해 호기심을 갖게 된다. 그래서 상세페이지나 소책자를 통해 몰입하기 시작한다. 그다음 이것이 정말 올바른 정보인지 의심하는 단계를 거친다. 페이스북을 통해 얻은 잠재 고객의 정보를 가지고 자동화 이메일 또는 메시지를 발송한다. 하단에는 반드시 블로그에 유입할 수 있는 링크를 꼭 걸어둔다. 고객은 물건을 구매하기 위해 적어도 다섯 번을 고민하고 다섯 번을 확인한다고 한다. 이런 고객에게는 5단계 중 몰입할 수 있는 정보가 이메일이나 메시지를 통해 계속 주의를 환기시키는 역할을 하게 된다. 처음에 단 한 번의 세팅으로 이 모든 것이 5단계까지 자동화로 이루어진다.

패스트 블로그 4단계: 블로그로 유입 모델 전환

우리는 그동안 고객의 의심과 욕구를 블로그에 발행한 글로 해결해주어야 한다. 모든 글은 시리즈로 써야 한다. 소책자에 나온 내용이나 이메일과 메시지로 보낸 내용을 보강하면서 쭉 이어지게 포스팅을 하면 된다.

패스트 블로그 5단계: 블로그로 유입 모델 확장 및 브랜딩

의심의 단계를 지나면 욕구의 단계에 이른다. 즉, 여러분의 상품이나 서비스를 구매하고자 하는 욕구가 생기는 것이다. 5단계의 블로그 글에는 강력한 촉구와 할인 정책을 같이 걸어두어야 한다. 이 단계를 소극적으로 임해서는 안 된다. 당신의 상품이나 서비스를 강력하게 촉구할 수 없다면 고객도 주저하게 된다. 강력한 촉구에는 반드시 다음의 4가지가 포함되어야 한다.

1. 문제에 관해 이야기한다.
2. 문제를 해결할 수 있는 여러분의 상품이나 서비스를 묘사한다.
3. 문제가 해결되면 어떤 혜택이나 좋은 점이 있는지 묘사한다.
4. 소비자에게 행동을 촉구한다(지금 바로 구매하기, 선착순 한정 등).

만약 여러분이 지식 창업을 꿈꾸고 있다면 블로그 글 하단에 반드시 한 개 이상의 촉구 메시지를 걸어두어야 한다. 세미나를 모집하거나 컨설팅을 유도하는 것이다. 예를 들면 "앞으로 52시간 남았습니다. 지금 바로 신청하세요. 이 세미나는 자주 열리지 않습니다. 당신에게 온 행운을 걷어차지 않길 바랍니다."

여기에 한 가지를 더해서 '거부할 수 없는 조건'을 내세운다. 예를 들어, 블로그 글을 공유하고 이것의 링크를 댓글로 걸어주면 50% 할인 쿠폰(또는 무료 쿠폰)을 제공한다고 말한다. 마지막으로 글을 공유하고 댓글을 통해 50% 할인 쿠폰을 받고 구입을 결정한 고객, 즉 구매 단계까지 온 고객을 놓치지 않으려면 결제 프로세스를 점검해야 한다.

네이버 블로그에는 블로그 마켓, 스마트스토어 등 쉽게 결제할 수 있는 프로세스가 있다. 구매를 결정한 고객에게 눈에 확 띌 수 있는 결제 링크로 유도해야 한다. 위 단계 중 하나라도 놓치면 고객은 불편함을 느끼게 된다. 불편함을 느낀 고객은 여러분의 상품이나 서비스를 다시는 찾지 않을 수도 있다.

패스트 블로그는 시간 대신 최소한의 비용을 투자해야 한다. 네이버 블로그는 무료로 홍보가 가능한데, 돈을 써야 한다니 거부감이 생기는가? 그렇다면 한 가지만 질문해보자. 여러분이 블로그를 위해 투자한 시간을 비용으로 환산하면 어떨까? 블로그에 글 쓰는 시간에 다른 일을 했다면 시급 1만 원 기준 2~3시간 쏟아붓는 시간은 2~3만 원의 비용을 버리는 것과 같다. 패스트 블로그는 블로그 개설과 한 개의 포스팅 그리고 하루 커피 값 5,000원 정도를 투자하는 것이다. 일반 블로그와 패스트 블로그 중에 어떤 것이 더 효율적인지는 여러분의 판단에 맡기겠다.

단, 패스트 블로그 포스팅을 할 때는 상위에 노출되기 위한 포스팅이 아닌 상세페이지를 만든다는 마음으로 포스팅을 해야 한다. 처음에는 2개 정도의 글을 포스팅하는 것을 추천한다. 2개 정도의 포스팅을 링크를 통해 글을 엮어두고 내가 쓴 글과 연관된 소책자를 제작한다. 그리고 페이스북에 하루 5,000원 예산으로 무료 제공을 광고한다. 이렇게 다운로드 받은 고객 DB에 스텝메일을 통해 내가 쓴 블로그 글의 일부를 보내고, 더 알아보기 링크를 블로그로 연결해두면 된다. 메일을 읽고 뒤의 내용이 궁금한 잠재 고객들이 자연스럽게 블로그 링크로 유입된다.

이렇게 패스트 블로그를 기획하면 내 글에 관심이 없지만 품앗이를 위해 공감과 댓글을 달아주는 의미 없는 조회 수가 아닌, 나의 상품과 서비스에 관심 있는 실제 잠재 고객의 조회 수가 늘어난다. 그러면 의미 없는 1일 1포스팅으로 시간을 낭비하지 않아도 된다. 이렇게 무료 자료를 통해 얻은 고객 DB로 스텝메일을 보내고, 보낼 때마다 블로그에 포스팅을 하나씩 늘려가면 된다. 이렇게 패스트 블로그를 운영하면 다음 3가지를 얻는다.

1. 외부 링크 유입을 통해 블로그 지수 상승
2. 실제 잠재 고객의 유입
3. 1일 1포스팅 하지 않고 시간 절약

패스트 블로그의 전체 과정을 다시 한번 정리해보겠다.

- ▶ 1일차: 기획 및 시장조사, 핵심 타깃 세밀화, 명확한 카피와 메시지 결정
- ▶ 2일차: 소책자 제작 및 페이스북 광고 고객 DB 확보
- ▶ 3일차: 블로그 개설 및 스텝메일 보낼 내용 블로그에 포스팅
- ▶ 4일차: 자동화로 스텝메일 발송, 메일에 들어가는 내용 블로그에 포스팅

▶ 5일차: 다섯 편의 스텝메일 발송 및 블로그에 연결, 구매 촉구하기

이 과정을 통해 문제 인식조차 없었던 고객이나 문제 인식은 있지만 구매까지 생각하지 않았던 고객에게 소책자를 제공하고, 다섯 번의 메일을 통해 구매욕을 자극하고, 여러분 자신은 전문가의 영역까지 브랜딩이 가능하다. 블로그 지수 상승은 자연스럽게 따라오는 결과일 뿐이다.

만약 여러분의 상품이나 서비스가 다섯 번의 자동화로 구매가 일어나지 않았다면 일주일 단위로 이 과정을 반복하면 된다. 상품이나 서비스가 팔릴지 안 팔릴지 모르는 블로그에 상위 노출하려고 시간을 계속 투자만 하고 있을 것인가? 아니면, 적은 돈을 투자해 빠른 결과를 얻을 것인가? 네이버 블로그를 활용할 것인가, 네이버 블로그의 노예가 될 것인가? 물론 내가 생각하는 마케팅은 적은 돈을 투자해 많은 수익을 얻는 것이다. 선택은 여러분 각자의 몫이다.

핵심 내용

❶ 블로그를 활용할 것인가, 블로그의 노예가 될 것인가?

❷ 현재 내 블로그의 주제는 무엇인가?

❸ 나는 블로그를 통해 무엇을 하고 싶은가?

핵심 과제

❶ 블로그를 통해 무엇을 하고 싶은지 작성해보자.

❷ 블로그에 방문하는 사람들에게 무엇을 전달하고 싶은지 작성해보자.

❸ 현재 나의 블로그는 위의 1과 2를 충족하고 있는지 생각해보자.

핵심 체크

알아두면 좋은 키워드 찾기 프로그램

1. 키워드 마스터: https://whereispost.com/keyword
2. 블랙키위: https://blackkiwi.net
3. 키자드: https://keyzard.org

PART 07

패스트 블로그 마케팅 4단계

Chapter 01

패스트 블로그 마케팅 1단계: 블로그 기획

패스트 블로그 마케팅 1단계는 내 블로그를 단순히 일기장 친구나 지인과 소통하는 데 사용하는 사람에게는 해당되지 않는다. 적어도 이 책을 구매해 읽는 독자들은 온라인 비즈니스로 수익을 얻고 싶은 분들일 거라 생각한다. 블로그를 한다는 것은 온라인 마케팅에 한 발짝 발을 들여놓는 것과 같다. 사람들이 많이 읽을 만한 글을 쓰고, 내 글을 상위에 노출시키고, 나의 회사나 제품 서비스를 브랜딩 하는 것 자체가 마케팅이기 때문이다.

지금 이 순간에도 매분 매초 블로그에는 새로운 글이 올라오고 있다. 브랜딩, 상품 홍보, 이슈 정보 등 매일같이 쏟아지는 블로그 글의 양은 상상을 초월한다. 그러므로 우리는 '사람들에게 나의 글을 통해 무엇을 얻을 수 있을까?' '어떤 사람들이 나의 글에 관심을 가질까?' 이런 생각을 먼저 한 다음 블로그를 만들어야 한다. 패스트 블로그 마케팅 1단계인 기획하기에서는 다음의 5가지를 고려하자.

① 내가 고객이라면

내가 늘 강조하는 첫 번째는 타깃이다. 블로그는 퍼포먼스 마케팅처럼 타깃 광고가 아니다. 그래서 핵심 타깃에 소홀할 수 있다. 하지만 블로그에 글을 올리는 것은 나를 브랜딩하는 것이다. 따라서 타깃을 너무 좁게 잡을 필요는 없다. 블로그는 브랜딩이다. 그래서 블로그의 특징을 드러내는 명확한 주제가 필요하다. 10년 전이나 앞으로 10년 후나 우리가 창업 또는 마케팅을 할 때 가장 먼저 스스로에게 물어봐야 할 질문 2가지가 있다.

1. 우리의 고객은 누구이고 왜 나에게 물건을 사야 하는가?
2. 우리의 고객이 궁금해하는 것은 무엇인가?

사람들은 자기 자신의 이야기에 가장 관심이 많다. 여러분이 나의 상품이나 서비스의 장점, 차별화 기능만 강조하며 나에게 취해서 글을 쓴다면 여러분의 상품이나 서비스의 광고 메시지는 고객에게 아무런 공감과 관심도 끌 수 없다.

내가 고객이라면! 나의 이야기가 아닌 고객의 입장에서 나에게 듣고 싶은 이야기가 무엇일지 먼저 생각해보길 바란다. 내가 고객이라면 나의 상품의 어떤 점이 궁금할까? 내가 고객이라면 나의 서비스의 어떤 점이 궁금할까?

블로그 기획하기에서 가장 중요한 것은 바로 '내가 고객이라면'이다. 사람들의 마음을 추정하며 기획하는 것이 어렵다면, 네이버 지식인이나 경쟁 업체 카페 등의 커뮤니티에서 사람들이 주로 하는 질문, 사람들이 관심 있어 하는 글, 조회 수가 가장 높은 글을 쭉 먼저 찾아보자. 고객의 마음을 추정해 어떤 글을 쓸 것인지 주제별로 정리한다. 그다음 지식인이나 카페 등을 통해 사람들은 주로 어떤 것을 궁금해하는지 모아서 정리해둔다.

한 가지 주제로만 블로그를 운영하다 보면 첫 번째로 겪는 어려움이 바로 포스팅을 할 만한 글감이 없다는 것이다. 이렇게 블로그에 포스팅을 할 콘텐츠가 고갈되면, 상위 노출을 위해 30일 이상 꾸준히 포스팅해야 한다는 것만 생각하고, 결국 내 블로그와 상관없는 뉴스 기사, 실시간 상위 검색 키워드를 찾아다니게 된다. 블로그를 먼저 기획하고 포스팅을 할 만한 주제와 키워드를 먼저 정리하고 시작해보자. 그러면 블로그에 어떤 것을 써야 할지 모르겠다는 고민은 사라질 것이다.

② 프로필 이미지, 블로그 이름, 닉네임

블로그는 온라인상에 여러분의 상품과 서비스를 홍보하고 브랜딩할 수 있는 공간이다. 여러분이 온라인이 아닌 오프라인에 상점을 오픈했다면 먼저 가게 상호와 간판은 어떤 것을 할까 고민하지 않을까? 다양한 SNS 플랫폼 중에서 첫 번째로 블로그를 해야 한다고 말하는 이유는 바로 브랜딩 때문이다. 나의 상품과 서비스에 맞는 플랫폼은 블로그가 아닐 수 있다. 그러나 브랜딩을 진행하고 있는 업체 중 블로그를 안 하고 있는 곳은 없다. 그만큼 블로그는 브랜딩에서 중요한 역할을 차지한다. 그럼 블로그로 브랜딩을 하려면 초반에 가장 중요한 것은 무엇일까?

그것은 닉네임과 블로그 이름이다. 블로그를 한다는 것은 브랜딩을 시작한다는 것이고, 그 출발점은 바로 닉네임을 정하는 것이다. 닉네임을 정할 때 우리가 유의해야 할 사항은 나의 제품 및 서비스와 연관되어야 한다는 것이다. 또한 개성 있고 중복되지 않는 것이 좋다. 닉네임을 어떻게 만들지 고민하는 분들을 위해 닉네임 만드는 방법 4가지를 소개하겠다. 이외에도 다양한 시도로 나만의 브랜딩 닉네임을 만들어보길 추천한다.

첫째, 네이버 검색창에서 검색했을 때 검색 결과가 없는 것이어야 한다. 여러분이 블로그에 올린 정보가 마음에 들어서 '이웃 추가'를 하려고 했는데, 이것을 깜빡한 사람이 있다고 가정해보자. 다행히 글을 읽다가 기억에 남았던 닉네임으로 글을 검색했는데 나와 같은 닉네임이 많다면 내가 쓴 글을 몇 번 찾다가 포기할 것이다. 나의 브랜드와 연관된 독창적인 닉네임을 만들고, 글을 시작하거나 마무리할 때 또는 댓글을 달 때 닉네임을 많이 알리길 바란다. 검색창에 닉네임을 검색했는데 나 혼자만 있다면 상위에 노출되어 나를 찾기 쉬워질 뿐 아니라, 닉네임이 곧 여러분의 상품과 서비스를 인식할 수 있는 첫 번째 연결 통로가 될 것이다.

둘째, 흔한 단어+이름을 조합하면 쉽게 닉네임을 정할 수 있다. 민트+이름 또는 자신의 상품이나 대표적인 서비스+이름 등을 생각하면 된다. 민트라고 하면 파워링크 광고나 플레이스 등이 먼저 나오지만 민트+이름을 넣으면 뷰탭이 먼저 노출될 것이다. 이렇게 닉네임을 정하고 활동하면 내 블로그를 검색 결과 상단에 노출시킬 수 있다. 흔한 단어라도 이름을 붙이면 개성 있는 닉네임으로 바뀌는 경우가 많으니 참고하길 바란다.

셋째, 네이버 검색에서 한 번에 검색되지 않는 단어는 피하는 것이 좋다. 가령, '메런'이라는 단어가 마음에 들어 닉네임으로 정하려고 한다. 그런데 검색해보니 네이버는 자연스럽게 '메론'의 검색 결과를 보여준다. 메론을 검색하는 사람이 오타를 입력한 것이라고 네이버 봇이 판단하고 자연스럽게 메론을 검색 결과로 보여주는 것이다. 이렇게 한 번에 결과를 보여주지 않고 제한된 단어로 보여주는 닉네임은 가급적 피하는 것이 좋다. 단, 메런+이름을 검색하는 사람들의 검색 건수가 올라간다면 새로운 키워드가 생성된 것이기 때문에 검색 최상단에 위치할 수도 있다. 하지만 오랜 시간과 노력을 들여 검색 결과를 바꿔야 하므로 그만큼 쉽지는 않다.

넷째, 닉네임은 짧게 여섯 글자 이내로 하고, 영어는 피하는 것이 좋다. 닉네임은 상대방이 내 닉네임을 보고 연상시키는 이미지를 위해 만드는 것이다. 내가 의도한 대로 상대방이 인식하게 하는 것이 브랜딩의 출발점이다. 온라인상에서 블로그 프로필 이미지와 블로그 이름은 나의 가게 상호가 적힌 간판이나 마찬가지다. 브랜딩은 이런 사소한 것에서부터 시작된다.

나의 블로그 이름과 닉네임, 프로필 이미지를 나의 상품이나 서비스와 연관시키자. 회사의 이미지나 로고, 나의 상품이나 서비스를 바로 이해할 수 있는 이미지 역시 좋다. 만약 이미지를 찾는 것이 힘들다면 미리 캔버스나 캔바 등과 같은 이미지 제작 프로그램으로 간단히 만들어보는 것도 추천한다.

③ 소개 글

'블로그 프로필 바로 밑에 블로그 소개 글을 누가 읽겠어?'라는 마음으로 제대로 작성하지 않거나 그냥 대충 무슨 블로그라고 작성하는 경우를 많이 볼 수 있다. 이런 블로그는 아무리 많이 포스팅되어 있고 좋은 내용이라도 왠지 모르게 관리가 되지 않은 블로그처럼 보인다.

소개 글은 프로필 이미지 다음으로 눈길이 가는 곳이다. 고객이 나의 블로그 글을 검색을 통해 읽고 더 호기심이 생겨 '이 블로그는 무슨 블로그지?'라고 의문이 생겼을 때 해답을 줄 수 있는 공간이기도 하다. 프로필 이미지에 전문성을 보여줄 수 있는 이미지로 먼저 신뢰감을 주고 블로그 소개 글에는 약력, 성공 사례, 포트폴리오 등을 작성해 전문성으로 가치를 입증하는 것이 중요하다. 소개 글과 프로필 이미지를 등록하기 전에 먼저 내가 판매하는 상품이나 서비스에 대한 이해가 선행되어야 한다.

나의 블로그를 찾는 사람들에게 어떤 메시지를 보여주고 싶은가? 나의 경쟁자와 어떤 장점과 차별점을 보여줄 수 있는가? 블로그 기획 단계에서 반드시 이 질문을 해보길 바란다. 소개 글 맨 위에는 특장점을 적어주는 것이 중요하다. 그다음 포트폴리오에 해당하는 사례들, 그리고 우리 상품과 서비스 또는 회사의 가치관, 원칙 등을 넣어야 한다.

좋은 소개 글의 3가지 요건

1. 쉽게 이해할 수 있는 특장점

2. 우리 회사의 가치관 및 원칙

3. 유명인의 홍보 또는 대중매체 출연 경험, 수상 이력 등

내 블로그에 처음 방문한 사람이 블로그의 첫인상을 어떻게 볼

것인지 운영자 입장이 아닌 방문자 입장에서 체크하는 것이 중요하다. "24시간 상담 환영, 언제든 연락 주세요!"라는 말은 "절대 연락하지 마세요"와 같은 말이다. 언제든 상담에 응하겠는 성실함을 강조하기 위해 작성했을지 모르지만 자신의 상품 및 서비스의 가치를 하락시키는 말이다. "안녕하세요? 누구누구의 블로그입니다"라는 소개 글도 개인 일상을 담은 블로그이지 브랜딩 블로그나 수익화 블로그와는 맞지 않다.

④ 카테고리

블로그 강의나 컨설팅 때 자주 하는 말이 있다. 블로그에 너무 많은 카테고리를 만들면 오히려 집중력에 방해가 된다는 말이다. 다음 챕터에서 블로그 글쓰기 패턴에서 다시 한번 설명하겠지만, 우리의 블로그 글에는 카테고리를 여러 개로 나누지 않아도 글 하나에 가치 입증부터 사례, 후기, 위치까지 모든 것이 하나의 포스팅에 들어 있다. 구태여 '찾아오시는 길, 고객 후기, 일상' 등으로 카테고리를 나눌 필요가 없다.

만약 이렇게 카테고리를 나누고 고객들이 후기만 보게 하고 싶거나 다양한 정보를 보게 하고 싶다면 네이버 카페를 함께 운영하는 걸 추천한다. 반복해서 이야기하지만, 블로그는 브랜딩의 도구다. 고객에게 정보를 주고 나는 이런 상품과 서비스를 판매하는 전문가라고 알리는 도구다. 판매를 위해서는 스마트스토어 또는 네이버 카페 등 링크를 걸어두면 된다.

⑤ 일반형 스킨 vs 홈페이지형 스킨

브랜딩 블로그를 운영하는 사람들은 내 블로그의 첫인상인 디자인에 대한 고민이 많을 것이다. 경쟁 업체 블로그가 홈페이지처럼 깔끔하고 고급스럽다면 '우리도 홈페이지처럼 바꿔야 하나?'라는 고민을 하게 된다. 결론은 일반형 스킨이든 홈페이지형 스킨이든 둘 다 중요하지 않다는 것이다. 가장 중요한 점은 브랜드 블로그 마케팅의 포인트를 알아야 한다는 것이다.

회사 기업이라면 홈페이지형 스킨이 전문성을 부여하는 데 유리하다. 그러나 소통이 중요한 상품과 서비스라면 오히려 일반형 스킨이 유리할 수 있다. 홈페이지형 블로그의 단점은 회사가 운영하는 느낌, 즉 회사와 소통하는 느낌이 들 수 있다는 것이다. 홈페이지형 블로그 자체가 영리를 목적으로 하는 느낌을 강하게 줄 수 있다. 전문적으로 보이긴 하지만 소통하는 부분에서는 부족할 수 있다. 반대로 일반형 블로그는 어떤 분야의 전문가가 자기 일을 운영하며 자신의 생각과 느낌, 사례를 쓰는 것 같은, 영리를 목적으로 운영하지 않는 듯한 느낌을 줄 수 있다. 그래서 소통과 공감 부분에서 더 많은 효과를 얻을 수 있다.

홈페이지형 스킨으로 할지 일반형 스킨으로 할지 고민하기 전에 먼저 나의 상품이나 서비스의 규모를 파악해야 한다. 공감과 소통을 무기로 할지, 나의 브랜드를 전문적으로 보이고 싶은지 고민해보아야 한다. 만약 글을 쓰는 사람이 회사가 아닌 개인이거나 1인 기업이라면 일반형 스킨으로 공감을 높이는 것이 중요하고, 전문성이나 회사의 규모를 강조하고 싶다면 홈페이지형 블로그를 운영하는 것이 좋다.

Chapter 02

패스트 블로그 마케팅 2단계: 벤치마킹 전략

시장에 나의 제품이나 서비스를 내놓을 때 가장 먼저 해야 하는 일 2가지는 타깃팅 분석과 경쟁자 분석이다. 그중 경쟁자 분석, 즉 나의 경쟁자를 분석하고 경쟁자의 길을 추격하는 전략은 시장을 선점한 경쟁자의 시행착오를 지혜롭게 피할 수 있다. 성장하게 만들어준 상품이나 서비스를 판단할 중요한 참고 자료를 얻을 수도 있다. 블로그 역시 먼저 나와 결이 같은 블로그를 찾아보는 것이 중요하다.

벤치마킹 전략은 유튜브, 블로그, 인스타 등 온라인 비즈니스 플랫폼의 공통된 초기 전략이다. 초반에 나와 비슷한 블로그를 먼저 최소 5개를 찾아보자. 벤치마킹 블로그의 글 중 조회 수가 높았던 글이 어떤 것인지 찾아보고 제목과 내용을 메모해두자. 조회 수가 높았던 글을 찾는 방법은 간단하다. 블로그 상단에 인기 글 목록을 확인하면 된다. 여기서는 효과적인 벤치마킹 전략 3가지를 소개해보려고 한다.

벤치마킹 전략 1: 조회 수 높은 글을 나의 콘텐츠로 바꾸기

블로그를 시작하고 가장 힘든 것은 블로그 지수를 높이기 위해 최소 30일 동안 1일 1포스팅을 하는 것이다. 조회 수도 적고 방문자도 없는데 꾸준히 글을 쓰는 일은 힘들다. 게다가 콘텐츠의 고갈에 부딪히기도 한다. 첫 번째 벤치마킹 전략은 경쟁 블로그 5개를 찾고 각 블로그에서 조회 수가 높은 글 5개를 먼저 찾는다. 각 블로그당 5개의 인기 글을 찾으면 최소 25일 동안 여러분은 어떤 포스팅을 해야 할지 고민하는 일이 사라진다.

"벤치마킹한 블로그 인기 글을 그대로 쓰면 유사 문서 저품질에 걸리지 않나요?"라고 물을지도 모르겠다. 벤치마킹 블로그 인기 글을 그대로 복사하면 당연히 유사 문서에 걸린다. 벤치마킹한 블로거가 여러분을 네이버에 신고할 수도 있다. 그래서 똑같이 쓰라는 것이 아니다. 더 끌리는 제목을 만들고, 전체적인 흐름은 비슷하되 여러분의 생각을 더해야 한다. 나만의 고유한 글 쓰는 방식을 구사하고 글을 보충할 여러 이미지를 준비하면 된다.

검색을 통해 얻은 지식에 여러분의 생각과 의견이 더해진다면 새로운 콘텐츠가 탄생한다. 내 분야의 다양한 책을 읽고 나의 지식을 넓히도록 하자. 글쓰기가 훨씬 쉬워질 것이다.

벤치마킹 전략 2: 서로이웃 전략

벤치마킹 블로그의 이웃은 품앗이 이웃일 수도 있다. 하지만 여러분의 블로그 주제에 관심이 있는 사람일 확률도 높다. 매일 하루 100명의 서로이웃 신청 30일이면, 2,000명의 이웃이 생긴다. 서로이웃을 수락하지 않는 사람을 포함한 대략적인 수치다. 즉, 여러분의 글이 상위에 노출되지 않아도 최소 2,000명에게 여러분의 글이 노출되고, 그중 관심 있는 이웃이 블로그로 유입된다. 벤치마킹 블로그에 '공감'을 표시한 블로거에게 서로이웃을 신청한다면 하루에 100명을 확보하는 건 5분도 걸리지 않는다.

서로이웃 수, 댓글, 공감, 블로그 지수에 영향이 없으니 안 해도 된다는 강사들도 많다. 실제로 지수 상승에 크게 도움은 되지 않는다. 하지만 브랜딩 블로그라면 한 사람에게라도 더 내 글을 알리는 것이 중요하다. 블로그 지수 상승이 아닌 소통과 공감을 통해 '진짜' 구독자를 만든다고 생각하자.

이렇게 소통하는 이웃은 방문자도 없고 조회 수도 적을 때 블로그를 운영하도록 도와주는 큰 힘이 된다.

벤치마킹 전략 3: 경쟁자의 블로그 전략

경쟁자의 블로그는 수익화를 위해 어떤 전략을 취하는지 벤치마킹할 수 있다. 경쟁자의 블로그에 최근 계속 포스팅이 올라오고 있다면 현재 경쟁자는 수익을 꾸준히 실현하고 있는 중이다. 나의 경쟁자는 블로그만 운영하는가? 나의 경쟁자는 블로그를 통해 다른 채널로 연결해두었는가? 스마트스토어로 유도하는지, 네이버 카페로 유도하는지 여러분은 경쟁자의 테크트리를 링크를 따라가며 학습하고 실천하기만 하면 된다. 처음에 어떻게 광고하고, 어떤 과정을 거쳐 수익화할지 기획하는 단계의 시행착오를 바로 건너뛸 수 있다.

나의 경쟁자를 먼저 분석하고 그들의 전략을 따라가며 나만의 차별성을 만들어보자. 경쟁자를 연구해야 경쟁자의 틈새를 찾을 수 있다. 최대한 많은 경쟁자를 찾고 그들을 분석해보길 바란다.

Chapter 03

패스트 블로그 마케팅 3단계: 키워드 세팅

온라인 비즈니스에서 귀에 딱지가 앉도록 많이 듣는 말이 바로 키워드다. 아마 이 글을 읽으면서 '또 키워드를 강조하는 건가?'라고 생각하는 분도 있을 것이다. 하지만 어쩔 수 없다. 온라인 비즈니스에서 가장 중요한 것은 진짜 키워드이기 때문이다. 키워드는 트래픽과 밀접한 연관이 있다. 이 트래픽이 바로 나의 글을 보기 위해 찾아온 사람들이다.

키워드 찾기에서 중요한 핵심은 현재 나의 블로그 레벨에 맞는 키워드를 세팅하는 것이다. 간단한 산수 문제 하나를 내보겠다. 회사를 지원하는데 한 곳은 100명 중 5명을 선발하고, 다른 한 곳은 1만 명 중 5명을 선발한다. 둘 다 쉽지 않겠지만 어느 회사가 더 합격할 확률이 높을까?

그렇다. 전자가 확률이 높다. 키워드 역시 조회 수 대비 문서 발행량이 적은 키워드를 찾는 것이 중요하다. 키워드를 통한 블로그 조회 수는 신경 쓰지 않고 그냥 글만 열심히 쓰고 있다면, 여러분이 블로그를 작성한 시간이 허비될 수 있기 때문이다. 조회 수는 PC 검색량과 모바일 검색량으로 나뉘고, 이 두 개의 검색량을 합산한 것이 총 조회 수로 분류된다. 현재 문서량이 바로 여러분의 포스팅이 싸워서 이겨야 할 경쟁자들의 글이다. 이렇게 경쟁 강도가 낮은 키워드를 이른바 '황금 키워드' 또는 '꿀 키워드'라고 부른다.

하지만 이렇게 경쟁 강도가 낮은 키워드를 찾았다 하더라도 여러분의 글이 상위에 노출되지 않을 확률이 높다. 그 이유는 바로 네이버 블로그만의 레벨 시스템, 즉 블로그 지수 때문이다. 힘들게 꿀 키워드를 찾았는데 상위에 노출되어 있는 글이 최적화 블로그 글이나 지수가 높은 블로그 글로 포진되어 있다면, 여러분의 글이 노출되기를 기대하기는 힘들다. 키워드를 기획하며 아마도 처음 고민하는 건 낮은 조회 수일 것이다. 하지만 하나만 기억하자. 누구에게나 처음은 있고 처음부터 대박이 나기는 힘들다.

단지 조회 수를 늘리기 위해 연예인 이슈나 방송 이슈를 활용할 수 있다. 하지만 이것은 단순히 조회 수만 늘리는 것이다. 이런 조회 수는 그저 여러분의 가게에 누군가 잠깐 스쳐 지나간 것일 뿐 잠재 고객은 아니다. 블로그는 온라인 마케팅의 기본이고 글쓰기 마케팅의 핵심이다. 다른 사람에게 도움이 되기보다 나를 위한 블로그 키워드를 기획하길 바란다. 조회 수와 방문자 수가 높은 키워드가 중요한 것이 아니다. 나의 블로그 레벨에 맞는 키워드를 기획하고, 나의 상품이나 서비스와 맞는 세부 키워드부터 공략하는 것이 중요하다.

① 검색하는 사람의 니즈를 파악하라

블로그 마케팅의 목적은 브랜딩과 구매 전환이다. 사람들이 정보를 찾다가 문의나 구매로 전환하는 것이 중요하다. 우리의 블로그 목적은 상위에 노출되어 방문자 수와 조회 수가 늘어나는 것보다 수익화이기 때문이다. 나의 상품과 서비스를 구매하고 이용할 사람은 어떤 키워드로 검색할까? 어떤 키워드부터 잡아야 할까? 이것을 먼저 고민해야 한다.

레벨 1. 세부 키워드 전환값은 높지만 검색량 낮음: 구매 직전에 찾아보는 키워드(지금 바로 고객)

레벨 2. 대표 키워드 상품 서비스에 대한 정보를 찾아볼 때 처음으로 찾게 되는 키워드(잠재 고객)

대표 키워드는 전환값은 낮지만 검색량이 많은 키워드다. 대표 키워드는 정보를 얻기 위해 처음으로 찾지만, 상위 노출 경쟁이 심하고 광고 영역인 경우가 많아 광고를 하지 않고 내 블로그를 키워 노출하기에는 쉽지 않다. 경쟁도 치열하다. 하지만 어떤 고민이 있을 때 한번 알아볼까 하고 생각하는 키워드는 바로 구매로 이어지는 단계와는 거리가 조금 있지만, 호기심으로 찾아보는 세부 키워드다. 검색량은 낮지만 여러분의 블로그 글을 보고 필요성을 느낀다면, 구매로 전환될 수 있는 전환값이 오히려 높은 키워드다.

단순한 호기심에서 검색을 통해 찾아본 고객은 여러분의 글에 매력을 느끼고, 오히려 여러분의 블로그에 더욱 오래 머물며 정보를 얻고, 구매 의욕을 높일 수 있는 고객이다. 키워드를 세팅할 때 가장 첫 번째로 해야 할 일은 나의 상품이나 서비스에 관심 있는 사람들의 니즈를 파악하는 것이다.

만약 여러분이 공인중개사 시험을 준비하는 사람이라면 어떤 것부터 검색할까? 공인중개사 시험을 독학으로 준비한다는 가정에서 출발해 키워드와 포스팅을 기획한다.

혼자서 공인중개사 시험공부 하는 방법(키워드)

1. 공인중개사 시험 독학(장단점)
2. 공인중개사 학원 수강료

3. 유명한 공인중개사 학원 추천

4. 내 주위의 공인중개사 학원

이런 순으로 검색한다는 하나의 가설을 세운다. 가설을 토대로 내 상품이나 서비스에 맞는 키워드를 기획한다. 이렇게 키워드를 기획하고 나누어 포스팅한다면 2가지를 얻게 된다.

1. 상위 노출보다 실제 전환이 이루어짐

2. 시리즈성 글로 블로그 지수 상승함

뒤에 '상위 노출' 편에서 다시 다루겠지만, 블로그 글은 처음부터 기획하며 시작하는 것이 중요하다. 첫 글에서 큰 틀을 다루고, 다음 글에서 왜 그렇게 해야 하는지 책을 쓰는 마음으로 블로그 글을 기획해보길 바란다. 가설을 통해 세부 키워드를 잡았다면 이제 키워드를 찾고 세팅해보자.

② 키워드를 세팅하라

키워드 세팅 1단계는 조회 수 50~100의 키워드를 먼저 찾는 것이다. 월간 조회 수 1만이 넘어가는 키워드도 많은데 50~100이라니 실망스러운가? 노출이 안 되서 한 명의 방문자도 없는 것보다 적은 조회 수라도 상위에 노출되어 내 글을 보는 사람이 있다는 사실이 더 중요하다.

키워드 세팅 2단계는 조회 수 200~300 키워드를 찾는 것이다. 여기서 중요한 점은 50~100 키워드의 내 글이 상위에 노출되는지 먼저 확인하고 넘어가는 것이다. 아직 조회 수 50~100 키워드가 상위에 노출되지 않았다면 여러분의 블로그는 레벨 업을 하지 못한 것이다.

키워드 세팅 3단계는 조회 수 500~1,000 키워드에 도전하는 것이다. 키워드 세팅 2단계에 상위 노출되었다면 이번에는 500~1,000 단위의 중소형 키워드에 도전해보자. 여기서 상위에 노출되지 않았다고 해도 실망할 필요는 없다. 전 단계의 키워드로 다시 글을 작성하고 상위에 노출되면 다시 중소형 키워드에 도전하면 된다.

게임에서 레벨 업을 하듯이 키워드를 레벨 업을 해보자. '고렙'이 되어서 멋진 장비를 착용하고 강한 몬스터를 잡아 큰 보상을 얻는 것처럼, 어느 순간 중대형 키워드가 상위에 노출되고 블로그를 통한 수익화라는 보상을 얻게 될 것이다.

Chapter 04

패스트 블로그 마케팅 4단계: 마케팅 글쓰기

블로그를 시작했다면 바이럴 마케팅의 세계에 한 발 내디딘 것과 같다. 내 글을 많은 사람이 읽어주길 바라는 마음이 마케팅의 시작이다. 사람이 모이는 곳에 돈이 있기 때문이다. 마케팅 글쓰기는 사람들의 관심을 끌고 행동을 이끌어내야 한다. 여기서는 패스트 블로그 마케팅 글쓰기의 3가지 법칙을 알아보자.

① 와디즈 펀딩 사이트와 상세페이지의 글 벤치마킹

사람들의 흥미를 끌 만한 글을 만드는 첫 번째 방법은 와디즈 펀딩 또는 여러분이 장바구니에 담을 수밖에 없었던 상품의 상세페이지를 먼저 참고해보라는 것이다. 펀딩을 받거나 제품을 팔기 위해 쓴 글은 여러분의 블로그 글보다 훨씬 오랜 시간 퇴고를 거친 글일 확률이 높다. 이 글에는 사람들의 관심을 끌 만한 여러 요소가 들어가 있다. 단지 벤치마킹하는 것만으로도 여러분의 마케팅 글쓰기는 단기간에 크게 성장할 수 있다. 여러분이 끌리는 글은 다른 사람들도 끌렸을 확률이 높다. 여러분의 상품과 서비스가 사람들에게 끌리길 바란다면 여러분을 끌리게 만들었던 글의 구조와 문맥을 벤치마킹하면 된다.

② 네이버 블로그가 좋아하는 글의 구조

키워드를 제목, 본문, 태그에 넣어준다. 제목 맨 앞에 키워드를 넣는 것이 좋다. 그리고 최근 직접 경험한 내용의 글이 유리하다. 예컨대, '내가 직접 경험한'을 먼저 작성하고 키워드를 결합한 형태가 상위에 많이 노출된다.

제목은 총 21자 내외로 클릭하고 싶은 카피를 만들고 키워드는 반복되지 않게 한다. 지역+키워드를 넣었다면 다음 포스팅에는 같은 지역+키워드가 들어가지 않게 작성해야 한다.

나의 상품이나 서비스를 브랜딩할 수 있는 글을 작성해야 한다. 글은 1,500~3,000자 내외가 좋다. 글은 글쓴이에게 권위를 부여하고 읽는 이에게 공감과 신뢰를 주어야 한다. 글을 뒷받침할 만한 전문가의 글이나 자료를 첨부하면 좋다. 문의 연락처(네이버 톡톡), 지도(네이버 플레이스), 관련해 읽어볼 만한 내 블로그의 다른 글, 태그도 붙여놓길 추천한다.

카테고리를 선정할 때는 글의 주제가 무엇인지, 예컨대 여행, 교육, 일상 중 무엇인지 설정하고 발행한다.

③ 수익화 블로그의 글쓰기 구조

1단계는 첫 줄에서 후킹하고 권위를 보여주는 것이다. 글 초반에 '우리 상품이나 서비스가 대중에게 이렇게 환영받고 있다'라는 메시지를 전달하기 위해 식당이라면 웨이팅하는 고객들의 모습, 지식 창업이라면 실제 강의하는 모습 등을 통해 내가 이 분야의 전문가라는 이미지를 보여주어야 한다. 또한 끌리는 카피와 첫 줄 글에서 끝까지 읽게 할 동기를 심어주어야 한다. 이 사람의 글에 많은 정보가 들어 있겠구나라는 신뢰는 글 쓰는 사람의 현재 위치를 보고 생기기 때문이다. "책에서 이런 내용을 읽었는데 이렇게 하면 된다"라고 말하는 것과 현직 마케팅 대행사 대표가 '결코 알려주고 싶지 않은 블로그 법칙'이 있다고 해보자. 여러분은 어떤 글에 더 신뢰가 가는가? 내 글에 권위와 가치를 먼저 보여주어야 글의 흡인력도 높아진다.

2단계는 'yes 세트'+스토리텔링이다. 고객에게 세 번의 yes를 연달아 얻어낼 수 있다면 상품이나 서비스는 절반은 성공한 셈이다. 글 초반에 주제와 관련된 질문 3가지를 연달아 하고 스토리텔링으로 나 역시 여러분과 동일한 문제로 힘들었다는 것을 강조해야 한다. 이 글을 읽는 사람이 실제로 나에게 묻고 싶은 질문 3가지를 먼저 생각한다. 그다음 "나 역시 같은 고민을 했었다"라고 풀어가는 것이다. 예를 들면, "내가 무엇을 했는데, 이것이 불만이었고 저것이 싫었다. 이를 해결하기 위해 이렇게 만들었다"라고 쓰는 것이다. 여러분의 경험을 녹이듯 글을 쓰면 글을 읽는 사람은 더 많은 공감대가 형성될 수 있다.

3단계는 포트폴리오 및 성과 후기다. 실제로 성과를 낸 포트폴리오나 다른 사람들의 후기, 실제 수익화를 이룬 통장 잔액 및 입금 내역 등을 확인시켜준다. "여러분과 같은 고민으로 힘들었지만 나는 이렇게 극복해냈다"라는 메시지를 전달해야 한다. 사람들은 명확한 증거가 없으면 신뢰하지 않는다. 한 번쯤 물건을 구매하고 후회했던 기억, 사기를 당했던 기억을 떠올리기 때문이다. 처음에 권위와 가치를 보여주었다면, 그다음은 여러분과 동일한 경험을 스토리텔링으로 녹이고, 실제 해결 사례와 고객 후기, 포트폴리오 등으로 가치를 입증하자.

4단계는 전문성을 보여주는 내용을 쓰는 것이다. 여러분은 이제 전문가다. 여러분이 썼던 글과 관련된 지식백과, 책, 관련 웹문서 등에서 모든 사람들이 알 만한 전문가 또는 유명인의 이야기, 실제 학자들의 칼럼 또는 책의 내용을 참조해 권위의 힘을 빌리는 것이다. 누구나 알 수 있을 만한 유명인의 말을 인용하면 나의 메시지에 더 강력한 권위가 부여된다. 권위 빌리기는 나도 이들과 동등한 전문가라는 이미지를 부여해 여러분의 메시지에 더 신뢰감을 준다.

5단계는 네이버에서 제공하는 도구를 최대한 활용하는 것이다. 네이버 블로그를 시작했다면 이 말을 꼭 기억하길 바란다. 네이버는 네이버 안에서만 놀고 외부에서 네이버로 들어오는 것을 좋아한다. 네이버에서 제공하는 네이버 톡톡, 스마트플레이스 등 모든 도구를 블로그에서 최대한 활용하는 것이 좋다. 상품이라면 내 블로그와 스마트스토어도 연결하고, 블로그와 카페를 연결하는 것도 좋다. 모든 도구를 최대한 활용하고 내 블로그 글들을 계속 시리즈로 이어지게 한다. 드라마를 볼 때 예고편이 나오면 다음 회차를 꼭 봐야겠다고 기대하게 만든다. 또한 놓치고 보지 못한 재방송도 볼 수 있게 만드는 효과가 있다.

핵심 내용

❶ 기획 및 시장조사
❷ 핵심 타깃을 세밀화, 명확한 카피와 메시지 결정
❸ 경쟁 블로그의 인기 있던 글 수집하기
❹ 내 레벨에 맞는 키워드를 세팅하고 서서히 레벨 업 하기
❺ 블로그 글쓰기는 마케팅 글쓰기
❻ 현재 블로그에서 자주 사용하는 글의 패턴 분석하기

핵심 과제

❶ 블로그를 개설하고 나의 경쟁 블로그 5개를 찾아보자
❷ 경쟁 블로그에서 가장 조회 수가 많거나 잘 쓴 글 5개씩 모아놓자
❸ 카테고리는 한두 개만 만들고 이제 블로그를 시작하자

PART 08

패스트
유튜브
마케팅 전략

Chapter 01

유튜브는 가성비가 가장 높은 채널

2019년 구인구직 사이트 '사람인'에서 성인 남녀 3,543명을 대상으로 시행한 설문조사에 따르면, 63%가 유튜브 크리에이터 도전 의향이 있다고 했다. MZ세대의 톡톡 튀는 발상으로 크리에이터에 도전하려는 사람은 앞으로 더욱 증가할 것으로 보인다. 그런데 유튜브 크리에이터 수가 계속 늘어나는 이유는 무엇일까?

▶ 유튜브 채널 개설이 쉽고, 하나의 아이디로 여러 채널을 개설할 수 있다.

▶ 화려한 생활을 하는 유튜버들을 동경한다.

▶ 초기 자금 없이 시작할 수 있다.

멋진 스포츠카를 타고 월수입 1억을 아무렇지 않게 말하는 유튜버들이 있다. 하지만 과연 모든 유튜버가 그럴까? 유튜브에도 수익 불균형은 존재한다. 채널 전체 평균 수익은 높게 나올 수 있지만, 평균 이상의 수익을 내는 채널은 전체의 5% 이내고, 월 10만 원 미만의 수익을 내는 채널 수는 전체의 90%로 추정된다. 유튜브도 상위 10%만 살아남는 것이다.

그렇다면 영상 촬영, 편집, 기획까지 해야 하는 유튜브를 하지 말라는 말인가? 그렇지는 않다. 유튜브로 광고 수익을 얻기 위해 운영하기보다는 브랜딩을 목적으로 운영해야 한다. 구독자와 조회 수가 많다면 다양한 기회가 찾아오는 것은 사실이다. 하지만 일반인이 빵 터지는 영상을 제작하기는 쉽지 않다.

대형 기획사, 전문 방송인의 대거 유입으로 영상의 퀄리티마저 급격히 높아진 요즘이다. 일반인이 아무리 멋진 영상을 기획해도 현실적으로 퀄리티 높은 영상을 만드는 것은 힘들다. 우리는 브랜딩을 통해 영상의 퀄리티보다 메시지에 집중해야 한다.

퍼스널 브랜딩이라는 말이 있다. 퍼스널 브랜딩이란 특정 분야에서 특정한 사람을 떠올리는 과정을 말한다. 작가, 강사, 아나운서, 쇼호스트, 배우, 전문직 종사자, 스타트업 대표 등 직업의 특성상 퍼스널 브랜딩이 반드시 필요한 사람들에게 유튜브는 최고의 도구다.

그렇다면 퍼스널 브랜딩은 이런 사람들만 하면 되는 것 아닌가라고 오해할 수 있다. 그렇지 않다. 외식 사업을 하는 소상공인 대표라면 실제 음식이 어떻게 만들어지는지 매일 장을 보는 모습, 신선한 재료를 고르기 위해 고민하는 과정 등을 보여주는 것도 퍼스널 브랜딩이다. 나에게 유튜브는 필요 없다고 생각하기보다 내가 유튜브를 한다면 어떤 영상을 통해 나를 브랜딩할 수 있을까를 먼저 고민해야 한다.

Chapter 02

유튜브 기획 5단계 공식

유튜브 기획 1단계: 벤치마킹

이 책 거의 모든 챕터에서 벤치마킹을 이야기하고 있는 것 같다. 새로운 것에 도전하기 위해 가장 먼저 해야 할 일은 벤치마킹이다. '이렇게 하면 잘될 거야!' 미안하지만 그것은 여러분의 생각일 뿐이다. 실제 좋은 결과를 만들어내는 크리에이터들의 영상을 분석해야 한다. 여러분이 만들고자 하는 콘텐츠와 유사한 유튜브 채널 5개를 선정하고 그들의 영상을 분석해보자.

대형 유튜버도 첫 영상부터 잘된 것은 아니다. 유튜버의 조회수가 급격히 올라간 콘텐츠가 어떤 것이었는지 찾아야 한다. 조회 수가 올라가는 시점, 조회 수가 내려가는 시점, 다른 주제의 콘텐츠로 이동하는 시점 등을 찾아보자.

채널이 안정되면서 촬영 방법도 다양하게 변화되었을 확률이 높다. 이제 막 유튜브를 시작한 우리가 그들의 촬영 방법과 편집 스타일을 전부 벤치마킹하기는 쉽지 않다. 스마트폰으로 촬영하되, 그들의 편집 스타일, 화면 전환, 점프 컷 편집, 다양한 포인트 자막, 효과음을 확인하고 먼저 최대한 비슷하게 만들어보자.

유튜브에서 시청자와 소통하는 방법은 영상과 댓글, 실시간 라이브 방송과 채팅, 커뮤니티 게시판 등이 있다. 내가 벤치마킹하는 크리에이터는 긍정적이거나 부정적인 피드백에 어떻게 반응하는지 살펴보면 내가 채널을 개설한 이후 예상되는 다양한 반응에 준비할 수 있다.

유튜브 기획 2단계: 채널 이름

브랜딩에서는 이름이 가장 중요하다. 앞으로 유튜브의 세계에서 불릴 나의 이름이다. 나는 온라인 게임을 했을 때 잠깐 하고 그만둘 생각으로 대충 지은 캐릭터 이름 때문에 엄청 후회한 기억이 있다. 나의 브랜딩을 위한 유튜브에서는 이런 실수를 하지 않아야 한다.

유튜브 채널 이름은 내가 인정받고 싶은 분야와 연관시켜야 한다. 채널 이름만으로 콘텐츠를 유추할 수 있어야 한다. 글쓰기와 관련된 콘텐츠를 운영하고 싶다면 "20년차 전업 작가 ○○○ 이야기"처럼 자신의 분야나 직함을 연결시키면 이름 만들기가 훨씬 수월해진다.

채널 이름의 길이가 너무 길면 기억하기 어렵다. 3~7자 정도의 기억하기 쉬운 이름을 지을 것을 추천한다. 또한 다른 유튜브 채널 이름과 겹치지 않는지 확인해야 한다. 이미 존재하는 이름을 사용하면 브랜딩에 혼란을 초래할 수 있다. 한국인을 대상으로 하는 유튜브이기 때문에 최대한 한글을 사용하고 나와 같은 채널 이름은 없는지 꼭 확인해야 한다.

유튜브 기획 3단계: 채널 설명

채널 설명은 본격적으로 나를 브랜딩하는 공간이다. 나는 누구이고, 어떤 이력이 있고, 무슨 콘텐츠를 올리는지 알리는 자리다. 보통 채널을 검색했을 때 첫 두 줄 정도가 나오기 때문에 이 두 줄에 중요한 내용을 담는다. 간략하고 핵심적이고 스토리텔링이 들어가는 것이 좋다. 그래도 어렵다면 우리의 강력한 무기인 벤치마킹을 활용하자.

유튜브 기획 4단계: 프로필 이미지

프로필 사진은 채널의 대표적인 이미지다. 유튜브를 보는 내내 어디서나 계속 노출된다. 효과적인 채널 브랜딩을 위해서는 얼굴 사진을 클로즈업한 것이 가장 좋다. 실제로 브랜딩에서 얼굴을 노출했을 때 훨씬 큰 신뢰감을 얻을 수 있다. 만약 얼굴 노출이 부담스럽다면 채널 이름을 이미지로 만들어 넣거나 로고를 사용하면 된다.

유튜브 기획 5단계: 배너 이미지

채널 아트, 채널 배너라고 불리는 배너 이미지는 유튜브 채널 상단에 표시된다. 채널의 대문 같은 역할을 한다. 채널의 성격, 콘텐츠의 내용, 업로드 주기, 연락처 등을 시각적으로 보여줄 수 있는 곳이다. 보통 채널 아트를 만들 때 예쁘고 멋진 디자인에만 집착한다. 디자인은 중요한 게 아니다. 내 채널을 정의하는 한마디를 만들어보자. 필자의 경우 성공succes과 마케팅marketing을 결합한 '석케팅'으로 닉네임을 정했다. 그리고 "자동화로 빠른 마케팅 패스트 마케팅"처럼 나의 채널을 짧고 강렬하게 정의하는 한마디를 만들었다.

Chapter 03

유튜브를 실행할 때 지도를 만들어라

유튜브라는 새로운 세계에 발을 딛게 된 걸 축하한다. 그런데 유튜브라는 세계는 명확한 정답이 없다. 살아남기 위해서는 나 스스로 답을 찾아가야 하고 그러려면 지도가 필요하다. 유튜브를 항해할 때 필요한 지도의 6가지 요소는 다음과 같다.

① 채널명 정하기

채널명은 크게 3가지 형태로 나눌 수 있다. 첫째, '운세를 알려주는 남자 운알남'처럼 콘텐츠 이름이 들어가는 방법이다. 둘째 '라이프해커 자청'같이 브랜드 이름이 들어가는 방법이 있다. 셋째, '장삐쭈'처럼 별다른 뜻이 없는 이름도 있다. 채널 이름은 언제든지 바꿀 수 있다. 시작 단계부터 망설이지 말고 현재 내가 생각한 콘텐츠 주제와 연관된 이름을 정해 주제를 검색했을 때 타이틀과 함께 채널이 노출될 수 있게 하자.

② 업로드 주기와 시간 정하기

유튜브 초기에는 고정 시간대와 고정 주기로 영상을 올리도록 하자. 이렇게 하는 가장 큰 이유는 평균 조회 수를 파악하기 위해서다. 고정된 시간대와 고정 주기로 영상을 업로드해왔는데 조회수가 생각만큼 나오지 않을 때, 업로드 주기와 시간대를 바꾸는 것도 하나의 해결책이 될 수 있다. 또한 고정 시간대와 고정 주기로 영상을 업로드하는 것은 구독자에게 신뢰감을 주고 나와의 약속을 지키는 것이기도 하다.

③ 시청 타깃 정하기

타깃 세분화는 내가 매우 강조하는 부분이다. 이미 유튜브까지 진행해오는 단계라면 대략적인 타깃은 정해져 있을 것이다. 타깃이 명확해지는 순간 콘텐츠 차별화는 저절로 따라온다. 여성 → 여성 직장인 → 30대 여성 직장인 → 30대 여성 워킹맘처럼 타깃을 세분화할수록 메시지와 카피는 더 명확해진다는 사실을 꼭 기억하자.

④ 러닝타임 정하기

영상을 처음 만들고 '이 영상을 어느 정도 길이로 편집해야 할까?'라는 고민을 하게 된다. 유튜브 수익화 4,000시간을 채우려면 영상이 길어야 하는 것이 아닐까? 하지만 영상의 길이를 고민하는 것보다 영상을 끝까지 보게 하는 것이 더 중요하다. 5~10분의 영상을 만들되 초반에 영상을 끝까지 보아야 얻을 수 있는 이득을 제시하고, 중간중간 꿀팁이 숨어 있다는 것을 강조한다. 그리고 영상을 빠른 배속으로 보기를 권한다.

⑤ 주요 콘텐츠 주제 정하기

유튜브와 블로그의 공통점은 꾸준함이다. 한 개의 영상 한 개의 글만으로 빵 터지면 좋겠지만, 이는 현실적으로 쉽지 않다. 지금 여러분이 만들려고 하는 콘텐츠와 관련된 3가지 이상의 주제를 생각해보자. 예를 들어 내가 자동차 관련 유튜브 콘텐츠를 만들려고 고민한다면, 직장인 연봉 구간별 자동차, 금수저만 탈 수 있다는 슈퍼카, 가성비 좋은 중고차 이렇게 3가지 주제를 떠올릴 수 있다.

⑥ 예산 정하기

스마트폰으로 영상을 촬영해 올리는데 예산이 꼭 필요한가라고 생각할 수 있다. 하지만 '먹방'을 하려면 음식을 사야 하고, 자동차 리뷰를 하려면 섭외를 해야 한다. 지식 창업 관련 정보를 전달한다고 해도 영상 편집을 위해 어떤 프로그램을 써야 할지, 마이크는 어떻게 구할지, 편집은 외부에 맡길지 처음부터 예산을 잡고 시작하는 것이 좋다. 브랜딩을 통한 수입과 유튜브 자체로 얻는 수익화는 우리가 생각하는 것보다 느릴 수 있으니 너무 무리하지 않는 범위에서 예산을 정하길 바란다.

Chapter 04

조회 수 급상승하는 영상의 3가지 조건

① 타이틀

블로그의 제목은 유튜브의 타이틀에 해당한다. 앞서 카피라이팅 편에서 자세히 다루었지만, 사람들의 눈길을 끌 수 있는 대표적인 유튜브 타이틀 몇 가지를 예로 들어보겠다.

〈고딩엄빠〉라는 콘텐츠가 대중매체와 유튜브에서 높은 조회 수를 기록하고 있다. 〈고딩엄빠〉 역사상 역대급 나이 차라는 영상의 조회 수는 70만 회가 넘어갔다. 고등학생인데 부모가 된 데다가 역대급 나이 차이라고 하니 반전과 호기심 두 마리 토끼를 모두 잡았다고 볼 수 있다.

〈노마드크리스〉는 호기심을 자극할 만한 카피가 많이 등장한다. '왕초보가 집에서 컴퓨터 한 대로 월 1,000만 원 벌게 된 노하우'라는 타이틀은 '왕초보 컴퓨터 한 대'와 '월 1,000만 원'이 합쳐져서 호기심을 강하게 자극한다. 만약 단순히 '집에서 하는 부업'이라고 타이틀을 정하면 어떨까? 이렇게 타이틀 하나로 클릭률은 엄청난 차이가 날 수 있다.

사람들은 자신의 이야기에 가장 관심이 많다. 나와 비슷한 사람의 이야기나 성공 스토리는 사람들의 큰 관심과 호응을 이끌어낸다. 하지만 '이 사람들은 이런 생각을 할 것이다'라고 단정 짓는 것은 금물이다. 구글 트렌드나 네이버 데이터 랩을 통해 연령별, 나이별로 관심 있어 하는 주제나 이야기를 나의 콘텐츠와 연관지어 타이틀을 만들어보는 것이다. 이는 키워드 편에서 좀 더 자세하게 다루도록 하겠다.

② 썸네일

썸네일과 제목은 추천 알고리즘으로 시청자에게 노출되었을 때 클릭을 유도하는 가장 큰 역할을 담당한다. 텍스트보다는 시각적인 그림이 빠르게 영향을 미치기 때문이다. 물건을 구매하기 전에 그 물건이 실제로 좋은지 나쁜지는 알 수 없다. 영상도 내용을 보기 전까지는 어떤 내용인지 알 수 없다. 사람들의 눈길을 끄는 썸네일은 노출 클릭률을 높일 수 있는 마법 같은 힘이다. 단,

클릭률을 높이기 위한 내용과는 무관한 자극적인 제목이나 썸네일은 구독자로부터 배척당할 수 있다. 또한 유튜브의 알고리즘 고도화로 인해 오히려 채널에 악영향을 미칠 수 있으니 주의해야 한다.

썸네일은 가독성을 높여야 한다. 텍스트보다는 이미지를 많이 활용하고 호기심을 자극하거나 흥미로운 문구를 넣어주는 것이 좋다. 단, 필기체는 이미지와 함께 있으면 글 내용이 잘 안 보이는 경우가 많다. 그래서 가독성을 높여 전달하려는 내용을 명확히 보여주는 것이 중요하다.

이미지는 크게 강조해야 한다. 시청자는 영상 속 내용을 모르지만 영상을 만든 사람은 영상 속 내용을 이미 알고 있다. 단지 호기심을 자극하기 위해 영상 속에 내용과 연관이 없는 이미지를 사용해서는 안 된다. 영상 속에서 가장 강조하고 싶은 부분을 보여주는 것이 좋다.

먹방 콘텐츠를 예로 들어보면 음식점에 들어가는 썸네일이 아닌 크게 한입 먹고 있는 이미지와 어떤 것을 먹는지 보여주는 썸네일이 더욱 효과적이다. 쯔양의 '대창 4kg 먹방' 콘텐츠에서도 크게 한입 먹으려고 하는 모습 옆에 대창 '4kg'을 강조하는 텍스트를 볼 수 있다. 영상 업로드 전 썸네일은 미리 3개 정도 만들어둔다. 그리고 영상 업로드 후 2시간 동안 반응을 살펴보자. 만약 조회 수가 저조하다면 2시간이 지났을 즈음 썸네일을 한번 바꿔보는 것도 좋은 전략이다. 영상 업로드 후 4시간 정도가 알고리즘 확산 여부가 결정 나는 시기이기 때문에 조회 수가 안 나온다면 다시 시도해보자.

③ 키워드

키워드는 온라인 비즈니스에서 빼놓을 수 없다. 유튜브에서도 키워드는 매우 중요하다. 유튜브에서 키워드는 노출을 만드는 메타데이터와 관련이 크다. 메타데이터란 영상을 빠르고 효율적으로 찾을 수 있도록 해주는 검색 장치다. 메타데이터는 기본적으로 검색량, 경쟁, 연관성이라는 3가지 특성을 지니고 있다. 즉, 나의 콘텐츠와 맞는 키워드를 찾아야 하고 검색량과 경쟁 강도를 고려해야 한다. 유튜브를 시작한 지 얼마 안 되었다면 메인 키워드보다 세부 키워드를 활용하는 것이 좋다.

아무리 조회 수가 적은 세부 키워드라도 일단 내 영상이 노출되면 적은 조회 수라도 보장된다. 유튜브도 세부 키워드-중소형 키워드-대형 키워드로 늘려가는 것을 추천한다. 또한 네이버에서 통계를 통해 나의 글을 읽는 사람들이 누구인지 확인할 수 있듯이, 유튜브에서는 유튜브 스튜디오라는 기능을 활용할 수 있다. 유튜브 스튜디오 내용을 잘 검토하면서 채널의 맞춤 전략을 세워야 한다.

요일별, 시간대별, 주요 시청자의 나이대, 시청 시간대, 즐겨 보는 동영상과 채널까지 확인할 수 있다. 또한 동영상 자체의 시청 시간, 상승 구간, 하락 구간, 인기 상승 구간 등 디테일한 데이터도 보기 좋게 시각화되어 있다. 해당 정보를 잘 활용해 동영상을 수정하거나 향후 콘텐츠를 제작할 때 중요한 자료로 활용해 다양한 전략을 세워보자.

Chapter 05

유튜브를 지속하는 큰 무기, 마인드세팅

유튜브를 시작할 때 주저하게 되는 이유 중 하나는 '사람들에게 많이 알려지면 어쩌지? 악성 댓글이 달리면 어쩌지?' 하는 고민일 것이다. 실제로 나도 이런 고민 때문에 선뜻 시작하기가 두려웠다. 특별히 잘못한 것 없이 살아온 인생인데, 유명하지 않은 사람이 유튜브를 한다는 이유만으로 악성 댓글에 시달려야 하나? 생각만 해도 기분 나쁜 일이다.

하지만 이것만 생각해보자. 생각보다 내가 만든 영상에 댓글이 달릴 확률은 높지 않다. 악성 댓글이 달리는 시점은 내 채널이 소위 말하는 '떡상'이 된 이후다. '떡상'이 된 이후 시점에 악성 댓글이 달리면, 잘못한 것이 있다면 사과하고 바로잡으면 된다. 잘못한 것이 없다면 무시하거나 법적 대응을 해도 충분하다. 나도 채널이 크게 성장하기 전에는 얼굴을 비공개로 운영하는 전략을 취하고 있다. 얼굴이 나와야 채널에 신뢰도를 높일 수 있다는 장점도 있지만, 얼굴이 나오지 않아 외모의 호불호를 막을 수 있다는 장점도 있다.

중요한 것은 얼굴을 공개하느냐 안 하느냐가 아니라, 시작하느냐 안 하느냐다. 확실한 것은 글보다는 이미지가, 이미지보다는 영상이 훨씬 전파력이 강하다는 사실이다. 블로그를 꾸준히 운영해 상위에 노출되는 효과보다 유튜브를 통한 파급력이 훨씬 더 크다. 『역행자』의 자청도 유튜브를 통해 자신이 어떤 인생을 살아왔는지 이야기하면서 큰 공감을 얻었다. 그는 유튜브 시작 전보다 훨씬 더 큰 성공을 거두며 베스트셀러 작가가 되었다. 아마 유튜브를 하지 않았다면 쉽지 않았을 것이다.

유튜버 신사임당도 지독한 생활고를 이겨내기 위해 유튜브에 도전했다. 몇 번의 채널 폭파를 겪으면서도 포기하지 않고 도전한 끝에 공중파 TV에도 출현하며 승승장구하고 있다. 실제로 100억 정도 벌었다고 하니 유튜브의 브랜딩 파워는 정말 대단하다는 말밖에 나오지 않는다. 유튜브를 하지 못하는 이유를 찾으면 끝도 없다. 하지만 유튜브를 꼭 해야 하는 이유를 간단히 2가지만 들어보겠다.

▶ 성공하고 싶다면 일단 도전하자.

▶ 온라인 비즈니스 채널 중 인풋 대비 아웃풋 효과가 큰 채널은 유튜브다.

만약 이 책을 읽고 유튜버에 도전한다면 이것 하나만은 먼저 준비하고 시작하자. 최소 10개의 영상을 미리 만들어놓고 시작하는 것이다. 유튜브든 블로그든 온라인 비즈니스 플랫폼의 가장 중요한 것은 '꾸준함'이다. 갑자기 어떤 일이 생길지 모르니, 미리 영상을 만들어놓고 꾸준히 업로드하는 습관을 들이도록 하자.

Chapter 06

숏폼에 주목하라

바이트댄스ByteDance에서 출시한 '틱톡'은 사진 중심의 미디어를 동영상 중심으로 이동시키고, 챌린지를 통한 마케팅으로 MZ세대의 폭발적인 호응을 얻고 있다. '1분 남짓한 콘텐츠로 무엇을 할 수 있을까?'라는 의구심을 틱톡은 가볍게 잠재워버렸다.

틱톡의 성공 이후 위기감을 느낀 유튜브는 '숏츠'를 내놓았다. 인스타그램 역시 '릴스'를 출시했다. 틱톡은 유명 유튜버들을 보고 자란 MZ세대에게 "너도 틱톡에서 유명해질 수 있다"라며 동기를 부여하고 있다. 또, 핸드폰 카메라로 촬영한 15초 내의 짧은 영상을 통해 챌린지에 참여하도록 유도하고 있다. 실제 돈으로 환

전이 가능한 리워드를 제공하는 이벤트 등으로 공격적인 마케팅을 진행한다. '사람이 모이면 돈이 된다'라는 진리를 틱톡은 잘 알고 있는 것이다.

최근에 틱톡 광고를 대대적으로 홍보하는 것을 보면 틱톡의 성장은 당분간 계속될 것으로 보인다. 그렇다면 우리는 이런 틱톡을 어떻게 활용해야 할까? 틱톡은 전문가 또는 소상공인이 브랜딩하기에 더없이 좋은 플랫폼이다. 내가 만든 유튜브 영상의 중요한 핵심 부분만 편집해 틱톡에 올리면 된다. 강의하고 있는 모습이나 음식을 조리하는 과정 등의 콘텐츠를 스마트폰으로 짧은 시간을 투자해 만들어낼 수 있다.

전 세계 틱톡 사용자 수는 약 30억 명에 달한다. 전 세계 인구가 77억 명이므로 3명 중 1명이 틱톡을 이용하고 있는 셈이다. 2020년 1분기 전 세계에서 다운로드한 앱 순위로 틱톡이 유튜브를 제치고 당당히 1위에 올라섰다.

우리가 유튜브나 틱톡의 영상 플랫폼에 주목해야 하는 이유는 명확하다. 나의 콘텐츠가 MZ세대를 타깃으로 하는가? 이들은 기존 세대와 달리 구글이나 네이버에서 검색하는 것이 아닌, 유튜브를 검색해 영상으로 정보를 습득하는 세대다. 정보를 기록하고 메모하는 것이 아니라 즉시 실천한다는 특징을 가지고 있다. 콘텐츠 안에 자연스럽게 브랜드 메시지를 녹이고 3초 안에 관심을 사로잡아야 한다. 틱톡에서 잘되는 영상의 가장 중요한 특징은

인트로에 있다. 인트로에서 첫 3초 안에 대중을 사로잡는 것이 중요하다.

1. 대중이 관심을 가질 후킹 문장을 만든다.
2. 미괄식이 아닌 두괄식으로 핵심과 결론을 맨 앞에 배치한다.
3. 채널의 콘셉트를 명확히 하고 한눈에 채널의 특징이 들어오게 한다.

틱톡은 MZ세대를 겨냥하고 있다는 점에서 다른 온라인 비즈니스 플랫폼보다 톡톡 튀고 개성이 있어야 성공할 수 있다. MZ세대에게 어떤 메시지를 줄 수 있을지 다양한 방식으로 접근하고 실험해보아야 한다. 틱톡에서는 모방이 관건이다. 타깃을 명확히 하고 나와 비슷한 주제로 운영하는 크리에이터를 적극적으로 참고하자.

Chapter 07

패스트 유튜브에서 가장 중요한 법칙

패스트 유튜브에서 가장 중요한 것은 나의 플랫폼에 계속 머물도록 하는 것이다. 나의 플랫폼에 계속 머물도록 하는 전략은 다음, 네이트, 야후 등 검색 시장의 춘추전국시대에서 네이버가 살아남은 전략이다. 모든 콘텐츠를 네이버 안에서만 볼 수 있게 만든 네이버 전략을 우리도 이용해야 한다. 패스트 유튜브 전략은 이미 일부 유튜버들이 활용하고 있다. '아마존 창업'의 에이든 강 역시 유튜브 영상 하단에 '더 보기'를 클릭하면 아마존 창업 PDF 자료 무료 다운로드라는 링크를 통해 고객 DB를 확보하는 전략을 취하고 있다. 그렇게 확보된 DB를 통해 자동화된 이메일을 보내고 잠재 고객을 키워나간다. 우리는 모든 플랫폼을 유기적으로 연결시켜야 한다. 유튜브 영상 하단에 '더 보기'를 통해 다음과 같이 우리의 모든 플랫폼 링크를 걸어둔다.

- ▶ 블로그
- ▶ 무료 PDF 자료
- ▶ 네이버 카페
- ▶ 카카오 오픈 채팅

우리의 영상에 호기심이 생긴 잠재 고객들을 우리가 운영하는 플랫폼으로 끌어들이는 것이 중요하다. 우리가 운영하는 유튜브는 구독자 수 1,000명, 시청 시간 4,000시간을 돌파하고 광고 클릭 수에 따른 수익을 얻는 것으로 활용하면 안 된다. 이것은 유튜브로 잠재 고객을 확보하는 유입 전략 중 하나일 뿐이다. 유튜브 채널 운영 초기에 유튜브를 포기하는 첫 번째 이유는 바로 수익화 조건을 채우는 것에 지치기 때문이다. 조회 수에 연연하지 말고 잠재 고객을 확보하는 것을 목적으로 하자.

블로그, 인스타, 페이스북, 유튜브 이렇게 유입 모델이 증가할수록 여러분의 잠재 고객도 늘어나고 수익은 기하급수적으로 높아진다. 온라인 비즈니스의 가장 큰 특징은 모든 채널에 나를 알리는 것이라는 사실을 명심하길 바란다.

핵심 내용

유튜브 기획 5단계

1단계 벤치마킹

2단계 채널 이름

3단계 채널 설명

4단계 프로필 이미지

5단계 배너 이미지

조회수 급상승하는 영상의 3가지 조건

❶ 타이틀

❷ 썸네일

❸ 키워드

패스트 유튜브 전략

영상 하단에 '더보기' 란에 나의 플랫폼으로 올 수 있는 다리를 만든다.

핵심 과제

❶ 나의 채널을 개설하기

❷ 나와 유사한 채널 5개를 선정하고 가장 조회수 높았던 영상의 썸네일 및 스크립트 메모하기

❸ 모아놓은 자료를 통해 나의 유튜브 항해 일지 만들기

※ 유튜브 키워드 분석 사이트

1. 블랙키위: https://blackkiwi.net

유튜브뿐 아니라 블로그 등 키워드의 전반적인 동향을 파악할수 있다. 월간 검색량, 콘텐츠 발행량, 예상 검색량은 물론 연령, 성별 검색 비율 등 상세한 내용을 보여주므로 매우 유용한 사이트다.

2. 구글 트렌드: https://trends.google.com

유튜브는 구글과 밀접한 연관이 있다. 구글의 대표적인 트렌드 분석 사이트이므로 키워드의 관심도 변화를 기간별로 설정해 내가 알아보려는 검색어와 관련된 실시간 연관 검색어를 파악해보자.

3. 키워드 툴: https://keywordtool.io

유튜브뿐 아니라 구글, 아마존 등의 키워드를 검색할 수 있는 사이트다. 사용 방법도 간단하기 때문에 추천하는 사이트다.

PART 09

네이버
카페 전략

Chapter 01

온라인 마케팅 최종 종착지, 네이버 카페

네이버 카페에 관해 가장 많이 이야기하는 3가지 주제가 있다.

1. 요즘에 누가 카페를 하나요?
2. 카페 운영은 너무 어려워요.
3. 카페 키우는 데 시간이 너무 오래 걸려요.

나는 이렇게 말한다. 네이버 블로그는 브랜딩 도구일 뿐 온라인에 건물을 세우는 것은 바로 네이버 카페라고 말이다.

① 요즘에 누가 카페를 하나요?

온라인 커뮤니티를 통해 많은 수익을 얻는 사람들은 블로그가 아닌 네이버 카페에 있다. 실제 2021년 3월 롯데쇼핑이 네이버 대표 카페 '중고나라'를 200억~300억 원 규모로 인수한다는 기사가 나오기도 했다. 200억~300억 원이라니… 온라인 카페가 웬만한 강남 건물 부럽지 않다. 그만큼 네이버 카페 커뮤니티를 통해 많은 사람이 정보를 얻고 있다. 실제로 네이버 카페에서는 공동 구매 등 다양한 방식으로 물건을 알아보고 다른 사람들의 의견을 들은 후 구매한다.

나는 예전에 대형 마트에서 행사 업체를 운영했다. 행사 업체를 운영하며 한 가지 느낀 점은 사람들이 몰려 있을 때 매출이 확 올라간다는 것이다. 모르는 사람들이지만 그 사람들이 여기 맛있어서 또 사러 왔다는 말에 지나가던 걸음을 멈추고 조금이라도 사게 된다. 네이버 카페는 이런 원리와 같다. 네이버 대표 카페 중고나라의 이야기가 아니더라도 각종 지역 맘 카페를 통해 한 달에 몇천만 원을 벌었다는 이야기는 네이버에 맘 카페만 검색해보아도 쉽게 알 수 있다.

② 카페 운영은 너무 어려워요

네이버 블로그를 하고 있거나 해본 적이 있다면, 네이버 카페 운영도 별로 어렵지 않다. 오히려 1일 1포스팅을 하지 않아도 되고 카페 초반에 블로그보다 조금 더 많은 시간을 투자한다면 이후에는 회원들이 활동하며 글이 쌓이기 때문에 오히려 운영하기 더 쉽다.

③ 카페 키우는 데 시간이 너무 오래 걸려요

네이버 블로그 5,000명, 이웃은 하루 100명씩 꾸준히 '서로이웃'을 한다면 정확히 50일, 두 달이 채 안 걸린다. 하지만 서로이웃 5,000명이 여러분의 블로그에 많은 수익을 가져다주지는 못한다. 이웃을 늘리는 시간에 카페 회원을 모집하고 두 달 동안 1,000명의 회원을 모았다면 어떨까? 1,000명의 회원만 모여도 공동 구매나 배너 협찬 등 수익화로 바로 연결할 수 있다. 블로그, 네이버 카페 모두 초반에 시간을 투자해야 하는 것은 동일하다.

동일한 기간에 블로그 서로이웃 5,000명, 네이버 카페 회원 1,000명. 블로그 이웃이 5배는 더 많지만 수익화는 네이버 카페가 5배 이상 더 많을 것이다. 앞에서 다양한 유입 도구를 설명하고, 가장 나중에 카페를 설명하는 이유는 단 하나다. 위에서 설명한 다양한 마케팅 방법을 최종 목적지인 네이버 카페로 모이게 만들기 위한 것이다. 패스트 마케팅의 진짜 전략은 네이버 카페에 있다. 네이버 카페를 플랫폼에 비유하곤 한다. 즉, 카페는 사람을 가두고 모아두는 강력한 플랫폼이다.

사람이 모이는 곳에 돈이 있다

네이버 블로그, 인스타, 유튜브 등 콘텐츠가 어느 정도 활성화되고 사람들의 주목을 끌면 공통적으로 개설하는 것이 바로 네이버 카페다. 지금 여러분이 구독하고 있는 유튜브를 확인해보자. 네이버 카페의 주소를 확인할 수 있을 것이다. 블로그 댓글이나 유튜브 댓글은 소통하기에 부족한 점이 많다. 하지만 네이버 카페 커뮤니티는 나의 메시지를 더욱 효과적으로 전달할 수 있다. 또한 이미 카페에 가입한 '찐팬'들의 후기를 통해 더 많은 신뢰를 확보하는 것도 가능하다. 카페는 사람들을 한곳에 담기에 가장 좋은 플랫폼이다. 사람들이 모이는 곳에는 나의 상품이나 서비스를 팔고 싶은 사람도 속해 있기 마련이다.

사람이 많이 지나다니거나 모이는 곳에는 반드시 돈이 있다. 수익 자동화와 가장 잘 어울리는 플랫폼은 네이버 카페라는 사실을 명심하길 바란다.

상품을 팔 수 있는 네이버 플랫폼

네이버 블로그는 상품을 파는 플랫폼이 아니다. 블로그 마켓도 네이버에서 제공하고 있지만, 실제 결제 방식이나 여러 단점으로 인해 활성화가 많이 되지 않고 있다. 네이버 카페는 카테고리의 확장성도 좋아 손쉽게 나만의 쇼핑몰을 제작하기에 유용하다. 네이버 카페와 스마트스토어까지 연계한다면 더욱 막강한 플랫폼이 될 수 있다.

커뮤니티를 통해 회원들을 묶어둘 수 있는 플랫폼

네이버 카페의 가장 큰 무기는 바로 커뮤니티다. 사람들의 다양한 의견을 소통하고 그들과 대화를 통해 나의 상품이나 서비스의 개선 사항을 찾을 수도 있다. 실제 수강생들이 성공 사례를 직접 작성함으로써 후기에 대한 신뢰도까지 높일 수 있다. 사람들이 가장 열광하는 메시지는 공감할 수 있는 스토리텔링이다. 나와 비슷한 사람이 성공한 케이스는 잠재 고객들의 눈을 번쩍 뜨이게 만든다. 이 사람도 했다면 나도 할 수 있다는 자신감을 심어주기 때문이다. 카페에서 언제든 소통할 수 있다는 점에서 고객을 안심시킬 수 있고, 다른 사람들이 많이 구매하고 신청함으로써 나만 뒤처지는 거 아닌가 하는 편승효과까지 얻을 수 있다.

Chapter 02

네이버 카페 강의가 1,000만 원이 넘는 이유

네이버 카페 강의를 들어보려다가 주저하는 경우가 많은데, 바로 고가의 강의이기 때문이다. 실제 네이버 카페 강의가 최고 1,000만 원을 넘는 경우도 있다. 이렇게 네이버 카페 강의가 비싼 이유는 딱 2가지로 요약할 수 있다.

첫 번째, 마케팅 채널로 어떤 플랫폼을 운영하고 있더라도 최종적으로 고객들을 모아둘 플랫폼은 네이버 카페가 유일하기 때문이다.

두 번째, 카페의 회원 수가 늘어나면서 카페의 수익도 증가하기 때문이다. 사람이 모이는 곳은 돈이 되기 마련이다. 네이버 카페는 사람들을 모아두는 플랫폼이다. 배너나 입점 문의 등으로 수익을 얻을 수 있고, 나의 상품이나 서비스 창업 시 배너를 걸어둠으로써 무료로 광고도 할 수 있다.

잘 키운 카페 하나만 있다면 매월 건물처럼 임대 수익을 얻을 수도 있고, 연쇄 창업 시 주제가 달라도 배너를 걸어두고 홍보도 할 수 있다. 그러니 '온라인 건물주'라는 별칭이 딱 맞는 플랫폼이다. 이처럼 네이버 카페는 종착점이자 바로 수익이 생길 수 있는 플랫폼이기 때문에, 블로그 강의에 비해 카페 강의가 고가이고 찾기도 쉽지 않다. 하지만 1,000만 원을 투자해 매월 월세를 받을 수 있는 건물이 과연 있을까? 이렇게 생각하면 카페 강의 1,000만 원은 결코 비싼 금액이 아니다. 지금은 음식점 냉면 육수 레시피가 2,000만 원에 거래되고 노점상 호떡 반죽 굽는 방법을 알려주는 비용이 500만 원이 넘는 시대다.

세상에 공짜란 없다. 빠르게 돈을 투자해 강의를 듣고 내 것으로 만들거나, 시간을 투자해 많은 책을 읽고 유튜브에 나와 있는 다양한 정보를 활용해 시행착오를 겪으면서 내 것으로 만들어야 한다.

결국 시간을 투자하거나 돈을 투자하거나 둘 중 하나인 것이다. 나는 빠르게 돈을 투자해 내 것으로 만드는 방식을 선호한다. 돈이 많아서 그러는 게 결코 아니다. 실제로 마케팅 방법을 배우기 위해 대출까지 받아가며 강의를 들었다. 물건을 구매하기 전까지는 좋은 물건인지 알 수 없다.

나도 무리하게 대출까지 받아가며 들었던 강의 중 절반은 정말 돈이 아깝다는 생각이 들기도 했다. 하지만 만약 시간을 투자하며 마케팅을 배웠다면 지금도 매일 날을 새가며 모텔에서 일을 하고 한 달 한 달 버겁게 살아가고 있을지도 모른다.

아니, 연쇄 창업가로서 계속 도전할 수 있었을까? 강의를 듣기 위해 돈을 투자하고, 책 한 권 더 구매하기 위해 친구들과의 즐거운 술자리마저 멀리했다. 시간을 투자하느냐, 돈을 투자하느냐. 인생의 선택은 2가지이고 결정은 여러분의 몫이다.

Chapter 03

패스트 카페 1단계: 기획하기

네이버 카페를 시작할 때 직접 0에서부터 키우느냐, 아니면 회원 수가 어느 정도 모여 있는 카페를 구매하느냐 고민을 하게 된다. 카페는 블로그와 달리 양도가 가능하다. 매월 임대 수익을 얻고 판매까지 할 수 있다. 실제로 카페는 시세에 따라 가격이 달라진다. 적게는 수십만 원에서 많게는 수억 원까지 판매된다. 문제는 이 카페가 최적화 카페인지 죽은 카페인지 알 수 없다는 것이다.

카페 판매만을 담당하는 대행사들은 저렴하게 카페를 매입해 프로그램을 통해 게시 글, 댓글, 조회 수 등을 만들고 지수가 올라간 상태로 판매한다. 그래서 일반인은 외형만 보고 카페를 구입한 후 돈만 날리는 경우도 많다. 나는 이렇게 리스크를 안고 구매하느니 직접 키우는 것을 추천한다. 카페를 구입하는 사람이 아닌 내가 카페를 만들고 임대 수익을 얻은 후, 고가로 최적화된 카페를 판매해 수익을 얻는 여러분이 되었으면 한다. 모든 플랫폼에서 가장 중요한 것은 기획이다. 어떤 카페를 만들 것인지, 나의 상품과 서비스는 어떤 유형의 카페에 해당하는지 찾는 것이다. 네이버 카페에는 다음의 3가지 유형이 있다.

① 상품형 카페

의류, 뷰티, 중고차, 부동산 등 상품형 카페의 경우 스마트스토어와 연동해 더 많은 사람을 카페로 유입시킬 수 있다. 다양한 할인 이벤트를 통해 회원들의 활동을 유도할 수도 있다. 다른 지역 또는 다양한 업체를 입점시켜 수익화할 수도 있다. 회원을 모집하고 자신의 물건이나 매물을 거래할 수도 있다. 뷰티샵이라면 다른 뷰티샵을 소개하거나 다양한 업체를 입점시켜 상담을 받고 예약 시스템을 만드는 등 활성화하는 방법도 다양하다.

② 지식 상품 정보형 카페

지식 창업 시 대표적으로 운영하는 카페의 형태다. 주로 학원이나 구독자 수가 많은 유튜버, 인플루언서, 1인 지식 창업가 유형이 해당된다. 정보성 지식 상품 유형의 카페는 목적이 뚜렷한 경우가 많다. 학원이라면 학부모에게 공지해야 할 소식이나 정보를 카페에 제공하고 과제를 카페에 올리게 할 수도 있다. 실제 수강생들의 후기나 무료 전자책 등을 나누어주며 활동을 유도하고, 자연스럽게 매출로 이어지도록 운영할 수도 있다.

③ 소통 중심 커뮤니티형 카페

네이버 카페의 대표적인 유형이라고 할 수 있다. 카페의 핵심은 '소통'이다. 내가 관심 있고 좋아하는 주제로 카페를 개설한다. 해당 주제에 관심을 가진 사람들을 모으고 '벙개', 오프 모임 등을 통해 온오프라인으로 소통을 이어 간다. 이렇게 회원들끼리 서로 소통할 수 있게 만들면 카페는 활성화되고, 사람이 모이면 자연스럽게 업체 문의가 이어진다. 맘 카페, 지역 카페, 동호회, 팬 카페 등이 대표적이다. 소통 중심 커뮤니티형은 사람들의 생활과 밀접해 있기 때문에 입점하는 업체도 제한이 없고, 공동 구매 등으로 수익화하는 데 가장 유리한 유형이다.

나의 상품이나 서비스가 어떤 유형에 해당하는지 먼저 확인하고 방향을 설정하는 것이 좋다. 네이버 카페는 어떤 유형의 카페를 운영할지에 따라 전략도 달라져야 한다. 이 책에서는 지식 상품 정보형 카페를 중점적으로 다루어보도록 하겠다.

Chapter 04

패스트 카페 2단계: 벤치마킹

벤치마킹 전략은 아무리 강조해도 지나치지 않는다. 카페 기획 후 가장 먼저 해야 할 일은 많은 카페를 살펴보는 것이다. 단순히 카페를 둘러보는 것이 아니라 다른 사람이 운영하는 카페를 보며 벤치마킹할 것을 찾고, 실제 가입해서 활동도 해보자. 단, 내가 만든 카페의 메인 아이디가 아닌 서브 아이디로 가입하고 활동하는 것이 중요하다. 그 이유는 '회원 초대하기' 편에서 자세하게 다루도록 하겠다.

우리가 알고 있는 세계적인 명화나 유명한 발명품도 먼저 남의 것을 베끼고 나만의 것을 더해 새롭게 창조해낸 것이다. 누구나 무에서 유를 창조하기는 힘들다. 하지만 남의 것을 먼저 베끼고 거기에 나만의 색깔을 입혀 새롭게 만드는 것은 훨씬 빠르고 효과적이다. 이렇게 벤치마킹하기 위해 나와 비슷한 다양한 카페를 찾다 보면, 운영이 잘 되는 카페, 죽은 카페 등을 파악할 수 있다. 그러면 내 카페는 어떻게 운영해야 할지 감이 잡힌다. 무조건 잘 되는 카페만이 도움이 되는 건 아니다. 운영이 잘되었던 카페가 왜 망하게 되었는지 살펴보는 것도 큰 공부가 된다.

주제별, 지역별 급상승 TOP 100 카페 벤치마킹

급상승 카페는 등급이 낮아도 선정되는 경우가 많다. 이미 커버린 대표 카페의 카테고리나 콘텐츠 등은 이제 막 카페를 시작하며 전부 따라 하기 힘든 부분도 많다. 오히려 급상승 카페는 개설한 지 얼마 되지 않고 활발히 활동하고 있는 카페다. 그래서 콘텐츠, 카테고리 등 내 카페에 다양하게 적용할 수 있는 것이 많다. 벤치마킹할 때 특히 급상승 카페에서 어떤 요인이 카페 지수를 끌어올렸는지 눈여겨보는 것이 중요하다. 100개의 카페를 최대한 많이 둘러보고, 그중 최종 5개를 선정해 직접 가입하고 활동하면서 다음의 내용을 벤치마킹하도록 하자.

1. 기본 정보: 카페 이름, 카페 설명, 키워드, 등급, 하루 방문자 수
2. 구성: 카페 타이틀, 대문 레이아웃(배너, 대문 공지, 디자인 등)

3. 카테고리: 가장 활성화된 카테고리는 무엇인지, 회원들이 어디에서 많이 소통하는지, 회원들이 카페에 바라는 것은 무엇인지 등을 파악한다.
4. 주제: 메인 주제, 서브 주제, 타깃 등 나는 어떤 차별화를 줄 수 있는지 고민해야 한다.
5. 신규 가입이 쉬운지, 회원 등급은 어떻게 나누고 있는지, 회원 등급별로 어떤 혜택을 주는지를 살펴봐야 한다.
6. 수익 모델
   - 대문 배너 개수
   - 메뉴 입점 업체 개수
   - 게시 글 배너
   - 강의, 컨설팅, VOD, 전자책 등 지식 판매 여부
   - 제휴 마케팅
   - 제휴 방법, 가격 공지
7. 등업: 조건, 규정(자동인지 수동인지, 게시 글이나 댓글 몇 개를 기준으로 등업되는지)
8. 이벤트: 활동 이벤트, 가입 이벤트 등 현재 어떤 이벤트가 진행 중인지 살펴본다.

이렇게 5개의 카페를 분석하고 내 카페에 적용할 아이디어를 많이 뽑아내는 것이 중요하다. 카페 타이틀부터 카페 이름, 추후 배너와 레이아웃 등은 어떻게 잡아나갈 것인지 방향을 잡아가며

기획하는 것을 추천한다. 네이버 카페에서 활동하는 사람들은 더 매력적이고 더 재미있는 콘텐츠가 있는 카페로 얼마든지 이동할 수 있다.

경쟁 카페를 분석하고 그들보다 더 재미있는 콘텐츠를 회원들에게 더 많이 제공하면 여러분도 급상승 카페가 되어 여러분을 벤치마킹하는 카페가 생겨날 수 있다. 세상에 영원한 강자나 승자는 없다. 지금 내가 벤치마킹하는 카페에 미안해할 필요도 없다. 여러분이 벤치마킹하고 있는 카페 역시 다른 누군가의 카페를 벤치마킹해서 키워왔다는 사실만 기억하면 된다.

Chapter 05

패스트 카페 3단계: 회원 모집

카페 회원을 모집하는 방법은 다양하다. 여기서는 패스트 카페의 전략과 대표적인 카페 회원 모집 방법 5가지를 소개한다.

① 자동화로 회원 모으기

패스트 블로그에서 이미 자동화로 세팅하고 블로그로 유입하는 것에 관해 알아보았다. 이제 블로그에서 카페로 유입시키기만 하면 된다. 패스트 카페의 가장 대표적인 전략은 내가 운영하는 모든 마케팅 플랫폼의 최종 목적지를 네이버 카페로 만드는 것이다. 이 과정에서 고객이 바로 구매로 이어질 수 있지만, 구매로 이어지지 않더라도 고객을 모아두고 그들에게 꾸준히 정보를 제공하며 잠재 고객을 육성하는 전략이다. 패스트 카페의 전략을 정리해보겠다.

모든 블로그 포스팅에 '더 많은 내용, 주작 없는 고객들의 찐 후기가 궁금하다면'이라는 카피와 함께 카페 링크를 걸어두는 것이다. 여러분은 한 개의 글로 스텝메일, 네이버 블로그, 네이버 카페, 유튜브 영상까지 총 4개의 콘텐츠를 만들어낼 수 있다. 네이버 블로그 글을 카페로 그대로 가져오면 유사 문서에 걸리지 않느냐고 걱정하시는 분들을 위해 한 가지 팁을 준다면 내 블로그 공유하기-본문 공유로 카페로 연결하면 된다. 그리고 블로그에 작성했던 글에 이어서 구체적인 방법이나 꿀팁을 카페에 추가하면 된다.

중요한 것은 스텝메일에서 블로그로, 블로그에서 카페로 이어지게 하는 것이다. 여러분이 카페에 쌓을 콘텐츠는 고객의 후기와 칼럼 형식의 콘텐츠다. 지식 상품 서비스 유형이라면 고객에게 도움이 될 정보 콘텐츠를, 상품 유형이라면 다양한 할인 이벤트와 새롭게 나온 제품이나 상품을, 커뮤니티 유형이라면 내 카페 주제와 맞는 새로운 소식을 전달하는 것이다.

② 가입 이벤트

네이버 카페에 가입하는 사람들은 무언가를 얻을 때 더욱 열심히 활동하게 된다. 카페에서 이벤트를 언제 하는 것이 가장 좋은지 나에게 묻는다면, 무조건 카페 개설 초기라고 답할 것이다. 상품 및 커뮤니티 네이버 카페라면 커피 쿠폰 또는 무료 샘플 등을 가입 시 제공하거나, 지식 및 서비스 기반이라면 내가 만든 전자책 또는 페이스북 광고로 다운로드 받게 한 소책자 2탄을 제작해 카페 가입 시 다운로드할 수 있게 한다. 만약 소책자 1탄 내용이 좋았다면 소책자 2탄은 어떤 내용일지 호기심을 갖게 된다. 사업의 첫 번째 원칙은 고객이 원하는 것을 일단 무료로 제공하는 것이다. 네이버 카페에도 동일하게 적용된다. 사람들은 얻는 것이 있어야 가입하고 활동한다. 만약 전자책의 경우 크몽에서 실제로 판매한 적이 있다면 더욱 메리트가 있다.

가령, 크몽 사이트에서 실제로 판매되었던 금액을 캡처해서 올린다. 그 후, "현재 ○○에 판매되고 있는 자료인데 회원 가입 후 가입 인사 작성하면 무료로 드립니다"라고 적는다. 가입하고 가입 인사만 남기면 자료를 무료로 얻을 수 있는데 이를 마다할 사람이 있을까?

여러분의 카페 주제와 맞는 샘플 및 전자책 또는 초기에 고가의 상품 이벤트를 해도 회원이 모이고 수익화가 생기기 시작하면 언제든 회수가 가능하다. 무료로 주는 것을 절대로 아까워하지 말자. 나의 카페에 많은 회원들이 가입하고 활동하게 하고 싶다면, 무엇을 줄지부터 고민해야 한다.

어떻게 회원을 가입시킬지에 대한 고민의 답은, 회원들이 좋아할 만한 무언가를 제공하는 것이 정답이다. 어떤 것을 제공할지 고민이 된다면, 네이버 카페 가입 이벤트라는 키워드로 검색하고 그동안 많은 카페가 시도해온 다양한 이벤트를 참고하는 것도 도움이 된다. 아이디어가 떠오르지 않을 때는 '다른 사람들은 어떻게 했을까?'를 생각해보면 된다.

③ 회원 초대, 블로그 댓글, 세컨드 카페 유입

회원을 모집하기에 앞서 해야 할 일은 내 카페에 볼거리를 만드는 것이다. 카페는 온라인에 상점을 오픈하는 것과 같다. 사람들이 나의 상점에 방문했을 때 구매할 물건이 없다면 그 상점에 오래 머물 수도 물건을 구매할 수도 없다. 먼저 내 카페에 다양한 볼거리를 만드는 것이 중요하다. 그렇다면 콘텐츠 개수는 몇 개 정도가 적당할까?

회원을 늘리기 전에 내 카페와 연관된 20개의 글을 만들어두고 시작하자. 카페에 가입하고 실제 이 20개의 글을 전부 읽어볼 회원은 많지 않다. 하지만 나를 카페로 유입시킨 글 외에 20개의 글이 더 있다면, 바로 읽지는 않더라도 '글이 꽤 있네. 다음에 읽어봐야지'라는 마음으로 가입하게 된다.

여러분이라면 아무것도 없는 휑한 카페에 과연 가입할까? 내 카페를 방문한 사람들 역시 내 마음과 다르지 않다. 초대하기 전에 먼저 나의 카페에 볼거리를 만들어놓자.

'카페 초대하기'는 네이버 카페의 대표적인 회원 초대 기능이다. 카페는 무분별한 초대를 막기 위해 1개월에 최대 300명까지만 초대할 수 있다. 또한 한 명의 멤버가 1일 최대 초대할 수 있는 회원 수는 50명까지다. 네이버 아이디로 초대할 수 있고 그 외에 초대 링크와 QR코드로도 초대가 가능하다. 초대 링크는 14일간 유효하며, QR코드 초대 시 1년 간 유효하다.

내가 벤치마킹했던 카페는 나와 유사한 주제의 카페다. 즉, 그 카페에 가입한 사람의 관심사는 나의 카페 회원의 관심사와 동일하다. 벤치마킹 카페에서 회원을 초대할 때 주의할 사항은 반드시 신규 회원 위주로 초대하는 것이다. 기존 회원은 카페에 충성도가 쌓여 있는 경우가 많아 자칫 아이디가 신고될 수도 있다. 신고가 많아지면 아이디 지수가 떨어지기도 한다. 따라서 벤치마킹 카페에 가입할 때는 카페를 만든 아이디가 아닌 서브 아이디를 활용하는 것이 좋다.

네이버 아이디는 한 사람당 3개까지 만들 수 있다. 네이버 플랫폼 마케팅에서 아이디는 매우 유용하게 활용할 수 있다. 내가 만들 수 있는 최대한의 아이디, 가족, 친구, 친척, 지인까지 만들 수 있다면 최대한 만들어두는 것을 추천한다. 신규 회원인지 알 수 있는 방법은 간단하다. 벤치마킹 카페의 가입 인사나 등업 신청에 남긴 글을 확인하면 된다.

네이버는 검색 기능을 제공하는 플랫폼이다. 검색 기능을 최대한 활용하자. 내 주제와 연관된 키워드를 블로그에 검색하고 노출되어 있는 블로그 글에 댓글로 "안녕하세요. 글 잘 읽었습니다. 정말 유용한 정보를 확인할 수 있어 꼼꼼히 정독했네요. 이런 유용한 정보를 모아 소통할 수 있도록 네이버 카페를 오픈했습니다. 현재 카페 가입 이벤트 진행 중입니다. 가입하시고 선물도 받아가세요"라고 댓글을 남기는 것이다.

앞서 말했듯이 현재 한 카페당 한 달에 초대할 수 있는 인원은 300명이다. 한 달에 300명 초대도 힘들어서 안 하는 경우도 많겠지만 열심히 카페를 운영하기로 마음먹었는데, 초대하다 보니 300명의 숫자가 너무 적게 느껴지기도 한다. 이럴 때는 서브 아이디로 두 번째 카페를 만드는 것이다. 단, 두 번째 카페의 목적은 메인 카페로 유입하는 역할만 하는 것이다. "카페 대문에 카페 이전했습니다" 등의 간단한 안내와 함께 URL을 남기는 것이다. 서브 카페를 만들면 초대할 수 있는 인원이 한 달에 300명에서 600명으로 늘어난다.

④ 돈 주고 회원 늘리기

내가 추천하는 방식은 아니지만, 카페 초기에 회원 늘리기가 힘들다면 회원 수천 명 또는 수만 명의 기존 회원이 있는 카페를 돈을 주고 매입하는 방법도 있다. 사람들은 이왕이면 회원 수가 적은 곳보다 많은 곳을 선호하기 때문이다. 회원 수는 실제로 '이 카페가 영향력이 있고 활발하게 활동하는구나!'라고 신뢰를 준다. 따라서 카페 초기에 기존 회원 수는 신규 회원의 카페 가입을 더 쉽게 도와주는 역할을 한다.

크몽 등 재능 기부 사이트에 가보면 회원 늘리기나 댓글과 새 글 늘리는 다양한 프로그램도 확인할 수 있다. 실제 이런 프로그램을 활용하면 내가 힘들이지 않고 빠르게 카페가 성장하는 것처럼 보일 수 있다. 하지만 이런 프로그램을 사용한 경우, 어뷰징에 걸려 카페가 저품질에 빠지기도 한다.

초반에 이런 식으로 쉽게 회원 수가 늘어나면 실제 소통하고 회원들이 활동해야 하는데 운영자 역시 귀찮아져서 프로그램에 계속 의지하게 된다. 결국 카페는 겉으로 보기에는 활성화되어 있는 것처럼 보이지만, 운영자에게는 계속 카페를 운영해야 할 원동력과 의지가 상실되어 포기하게 된다. 초반에 조금 느리더라도 나의 시간과 열정을 투자한 카페가 결국 살아남는다는 사실을 꼭 명심하길 바란다.

⑤ 지식인으로 회원 늘리기

네이버 검색 후 원하는 답이 나오지 않으면 찾는 곳이 바로 지식인이다. 지식인은 각 분야의 전문가가 다양한 질문에 답을 제공하는 공간이다. 네이버 플랫폼에 있는 다양한 기능을 최대한 활용하는 것이 좋다. 내가 운영하는 카페 주제와 관련된 질문을 하는 사람은 눈여겨봐야 할 타깃이다. 네이버 카페 메뉴에는 지식인 질문을 받는 기능이 있다. 단, 이 메뉴는 새싹 등급 이상 카페에 활성화되어 있다.

'카페 관리-메뉴-메뉴 관리-통합 게시판-지식인 연동 설정 체크' 이렇게 체크하면 디렉토리 추천과 관심 키워드를 넣어야 한다. 추후 해당 카테고리에 질문이 들어오면 자동으로 연결되고, 우리는 이 질문에 답변을 제공하며 회원 가입을 유도할 수 있다.

나는 이런 상품과 서비스를 제공하고 있다는 것은 최대한 많은 사람에게 알려야 한다. 온라인 마케팅의 핵심은 최대한 많은 곳에 나를 노출시키는 것이다. 위에서 알려준 모든 방법을 통해 최대한 많은 사람에게 내 카페를 홍보하자.

Chapter 06

패스트 카페 4단계:
카페 등급 상승

네이버 카페의 로직은 블로그와 동일하다? 반은 맞고 반은 틀린 말이다. 엄밀히 말하면 네이버 카페의 로직이 블로그 로직보다 더 복잡하다. 그 이유는 카페의 상위 노출 조건이 블로그보다 다양하기 때문이다. 카페는 상위에 노출되는 조건에 게시 글마다 사용되는 아이디 지수, 사람들의 반응도, 키워드 등에 따라 달라진다. 카페는 단순히 노출만 잘된다고 활성화되는 것이 아니라서 회원들의 활동 등 고려할 부분이 정말 많다.

패스트 마케팅에서 카페를 최종 종착지에 두라고 하는 이유도 여기에 있다. 네이버 검색 시 노출이 잘되는 것이 목적이라면 카페보다 블로그가 상위 노출을 시키는 데 유리하다. 블로그는 현재 내 블로그 지수에 맞는 키워드를 잘 활용하면 상위에 노출될 기회도 많다. 그러나 카페는 로직에 맞게 글을 쓴다고 하더라도 카페 지수, 카페 개설 시점, 운영자 아이디 상태, 카테고리 상태, 카페 활성화 정도 등 다양한 조건이 맞아야 상위 노출을 기대할 수 있다.

네이버 카페는 현재 블로그와 같이 'VIEW' 영역에 노출되고 있다. 이렇게 상위에 노출된 카페들을 보면 등급이나 회원 수 등이 엄청나다는 것을 알 수 있다. 내가 힘들게 카페에 작성한 콘텐츠가 네이버에서 노출되지 않는다고 실망할 필요는 없다. 플랫폼별로 전략을 다르게 짜야 한다. 내가 운영하는 네이버 카페의 글이 네이버 검색 시 상위에 노출된다면 좋은 일이지만 네이버 카페는 글이 상위에 노출되는 것이 목적이 아니다. 회원들을 한곳에 모으고 다양한 정보 및 상품 서비스를 제공하는 것이 목적이다.

내 글이 노출되지 않아도 카페를 통한 수익은 충분히 창출된다. 나의 상품이나 서비스를 노출시키는 것은 블로그나 광고 등으로 사람들에게 알리면 된다. 쉽게 상위에 노출되지 않는 네이버 카페라는 채널을 노출시키기 위해 돈을 쓸 필요도 스트레스를 받을 이유도 없다는 것이다.

네이버 카페는 단기간에 승부를 볼 수 있는 곳은 아니지만, 회원 수가 적다고 수익을 얻을 수 없는 플랫폼도 아니다. 검색에 노출되는 것보다 카페로 유입을 더 많이 늘리고 회원들에게 더 많은 것을 주려고 노력하자. 어느 순간 카페에 쓴 내 글이 VIEW 탭에 노출되고, 카페 자체만으로도 유입이 생기는 것을 확인할 수 있다. 꾸준함과 포기하지 않는 정신을 이길 수 있는 것은 아무것도 없다.

카페 등급이란?

네이버 블로그에 블로그 지수가 있다면 네이버 카페에는 카페 등급이 있다. 카페 등급은 씨앗부터 나무까지 6개 등급이 있으며 등급별로 5개씩 총 30단계가 있다. 활동 점수는 월 2회(1일, 16일) 주기로 업데이트되며, 실제 반영까지는 일주일 정도 소요된다. 활동 점수가 높은 카페는 1회 업데이트에 2단계까지 올라갈 수 있지만, 반대로 4회 연속 네이버에서 정한 활동 점수에 미치지 못하면 1단계 하락할 수 있다. 단, 네이버 카페 운영 원칙에 위배되어 제한된 카페는 활동 점수가 0이 되며 등급이 하락할 수 있다. 잎새 등급부터는 '네이버 공식 카페' 신청 후 선발될 경우 정모 지원도 받을 수 있다. 정모 기념품부터 정모 장소 창작 활동까지 지원하고 있으니, 잎새 등급 이상이라면 '네이버 공식 카페팀'을 활용하는 것도 좋은 방법이다.

카페 등급 빠르게 올리는 방법

카페 등급을 빠르게 올리는 대표적인 방법으로는 다음과 같은 것이 있다.

- 양질의 글쓰기: 게시 글, 댓글을 포함한 모든 글쓰기 활동
- 네이버 글 공개: 검색을 통해 들어오는 사람이 많을수록 유리하다.
- 카페 멤버: 카페에 가입하는 수가 많을수록 등급은 올라간다.
- 카페 앱 쓰기: 모바일에서 카페 앱을 사용할수록 활동 점수에 유리하다.

네이버 카페는 다음 항목의 2주간 활동을 집계하고 활동 점수를 산출한다.

- 앱 구동 횟수
- 게시 글 수
- 검색 조회 수
- 댓글 수
- 가입 멤버 수
- 조회 멤버 수

이렇게 네이버 카페에는 활동 점수 계산 공식이 존재한다. 네

이버 카페를 운영할 때 가장 중요한 것은 결국 게시물 콘텐츠와 가입 멤버 수와 멤버들의 활동이다. 다양한 정보를 주고 회원들과 소통하면서 그들 스스로 활동하고 움직이게 해야 한다.

결국 운영자만 잘한다고 또는 회원들만 열심히 활동한다고 해서 카페 등급이 올라가는 것이 아니다. 열정을 갖고 카페를 키우고 회원들에게 활동할 수 있는 다양한 이벤트와 유용한 정보를 제공하도록 하자.

Chapter 07

패스트 카페 5단계: 회원 활동

앞에서 보았듯이 네이버 블로그와 카페의 점수 차이는 회원들의 활동에서 판가름된다. 게시물만으로 성장하는 것이 아니다. 그러므로 회원들을 움직이게 만들고 그들 스스로 콘텐츠를 만들게 독려하는 것이 중요하다. 그러려면 먼저 운영자 역시 카페를 활발하게 움직일 수 있는 활동들을 해야 한다.

다음은 운영자가 준비해야 하는 3가지 콘텐츠다.

① 메인 콘텐츠

네이버 카페는 어지간히 성장하지 않으면 통합 검색에서 글이 노출되지 않는다. 설사 상위에 노출된다 하더라도 카페에 가입해야 하는 번거로움 때문에 선뜻 가입하지 않는다. 즉, 카페에 가입할 수밖에 없게 만드는 콘텐츠를 만들어야 한다는 말이다. 네이버 카페를 만들었다면 가장 먼저 할 일은 카페에 막 들어온 사람이 가입하지 않더라도 볼 수 있는 콘텐츠를 만들어놓는 것이다.

만약 지식 창업에 관한 콘텐츠라면 초급, 고급 2단계로 나누어 충분한 고급 정보를 초급에 넣어두어야 한다. 초급에도 이렇게 양질의 콘텐츠가 있는데, 고급에는 어떤 정보가 있을지 호기심이 생겨 더 많은 사람이 열심히 활동하거나 고급 정보가 궁금해 유료 회원으로 전환하기도 한다.

② 서브 콘텐츠

필자의 여행 관련 카페는 메인 콘텐츠에 호텔 관련 정보, 맛집, 여행지 주변 놀거리 위주를 올렸다. 서브 콘텐츠에는 여행지별 시차, 지역 설명, 간단한 외국어 표현, 물가, 교통 등 가벼운 정보 등을 올렸다. 메인 콘텐츠는 대표적인 상품을, 서브 콘텐츠는 부가적인 상품을 올리는 곳이라는 느낌으로 작성해나가면 된다.

지식 창업 콘텐츠 패스트 마케팅을 예로 들어보자. 메인 콘텐츠에는 자동화 마케팅 플로우, 각 플랫폼별 운영 전략 등 소상공인들의 다양한 상품 및 서비스에 대한 정보를 올린다. 서브 콘텐츠에는 블로그 운영 전략, 인스타 운영 전략, 유튜브 운영 전략 등을 올려둔다. 실제로 수강생이 아니더라도 플랫폼별 운영 시 도움이 되는 정보들을 무료로 얻어 갈 수 있게 해두었다. 온라인 비즈니스 전략은 나의 플랫폼에 들어온 사람들이 최대한 많은 이득을 얻어 갈 수 있게 만드는 것이 가장 중요하다.

③ 공지, 등업 방법, 카테고리, 운영자 소개, 제휴 문의, 수강 신청 등

카페에 가입한 후 다양한 정보를 얻는 회원들은 더 많은 정보를 얻고 싶어 한다. 그런데 어떤 글은 볼 수가 없다. 따라서 네이버 카페에서 등급별 정보를 확인할 수 있도록 해두는 것은 매우 중요하다. 동시에 글을 확인할 수 있는 방법, 즉 등업은 어떻게 해야 하는지 친절한 설명이 있어야 한다. 등급 조건이 무엇인지를 공지 사항이나 카페 대문에 큼지막하게 배치하자. 만약 수익화를 원한다면 제휴나 입점 관련 게시판 혹은 공지 글 역시 확인하기 쉽게 배너 형태 등으로 해두어야 한다.

이어서 회원들을 움직이게 할 4가지 카테고리를 소개한다.

① 커뮤니티 글

정보성 글과 공지 글 등이 운영자나 스테프가 써야 할 글이라면, 커뮤니티 글은 회원들이 소통하는 공간으로 만들어야 한다.

여러 카페를 돌아다니다 보면 회원들이 소통할 공간도 만들어놓지 않는 카페들을 많이 볼 수 있었다. 그런 카페는 99% 이상 활동이 멈춘 카페였다. 하지만 이렇게 공간을 만들어두었는데도 회원들이 활동하지 않을 경우에 회원들을 움직이게 만들려면 어떻게 해야 할까?

첫째, 회원들의 공간에 내 글이 첫 글이라면 누구나 부담감에 글을 남기기가 힘들다. 커뮤니티 게시판에는 운영자가 먼저 다양한 닉네임으로 게시 글을 쌓아두거나 지인들에게 글을 써달라고 부탁하는 방법이 있다.

둘째, 회원들이 남긴 글에 반응해주어야 한다. 스테프가 있다면 남긴 글에 댓글을 달며 반응해주게 하거나 운영자가 직접 반응해주어야 한다. 이렇게 게시 글을 남기거나 고민 또는 질문 글을 올렸을 때 최선을 다해 반응해준다면, 다른 회원들 역시 더 활발하게 활동할 수 있다. 네이버 카페의 회원들을 활동하게 하는 것은 소통이라는 점을 명심하길 바란다.

셋째, 다양한 이벤트를 만들어야 한다. 회원 모으기뿐만 아니라 회원 활동을 위해서도 가장 효과가 큰 것은 이벤트다. 이달의 댓글왕, 이달의 활동왕 등 이벤트 상품을 걸어두고, 회원들이 활동할 수 있게 만드는 것이다. 온라인이든 오프라인이든 무엇이든 먼저 줄 수 있는 것이 있으면 제공해야 한다. 선물이든 정보든 크고 작은 것이 중요한 것이 아니다. 무언가를 줄 수 있는 이벤트라면 충분하다.

② 출석 체크, 가입 인사, 등업 신청, 끝말잇기

카페를 키우기 위해서는 회원들이 소통하며 놀 수 있는 놀이터 같은 공간이 필요하다. 카페 지수를 올리려면 회원들의 활동 지수가 중요하기 때문이다.

- ▸ 새 글 수
- ▸ 댓글 수
- ▸ 회원 가입 수
- ▸ 검색 수
- ▸ 조회 수
- ▸ 앱 구동 횟수

새 글-회원 가입-검색 수 등의 점수 비율이 높은 편이라 카페 등급을 유지하기 위해 게시 글 관리는 필수다. 게시 글의 점수는 글의 길이가 중요한 게 아니다. 새 글이 계속 올라오는 것이 중요하다. 회원들이 참여할 수 있는 공간을 늘리면 더욱 많은 정보를 볼 수 있다는 동기를 자극할 수 있다.

③ 미션, 소모임, 과제 제출, 회원들의 정보 공유

지식 창업 카페에서 회원들이 활동할 수 있게 해주는 가장 좋은 카테고리는 과제 제출, 미션, 강의 후기다. 강의 챕터마다 하나씩 실천할 수 있는 과제나 미션을 만들어주고, 이것을 네이버 카페를 통해 제출하게 만드는 것이다. 회원들은 단지 듣기만 하는 강의가 아닌, 복습하고 과제를 제출함으로써 내 것을 만들 수 있다. 운영자는 실제 수강생들이 잘 따라오고 있는지 확인할 수 있을 뿐 아니라, 카페 등급까지 상승하는 일석이조의 효과를 얻을 수 있다. 회원 독서 모임 또는 스터디 모임 등 활동하고 글을 올릴 수 있는 공간을 만들어주는 것도 좋고, 실제 수강생이 아닌 일반 회원이라도 매주 특정 미션을 부여하고 성공했을 경우 선물이나 특별한 혜택을 제공하는 것도 좋다.

단, 친목 카페의 경우 정기 모임 외에 '벙개' 모임은 정확한 규칙을 정해두어야 한다. 또한 카페 내에서 상호 간의 반말을 사용해 친목을 과시하는 것은 막아야 한다. 카페 내에서는 상호 간 존칭 사용을 회칙으로 만들어야 한다. 모임도 무분별한 '벙개' 등으로 카페 내에서 불미스러운 일이 발생하지 않도록 관리해주어야 한다. 카페 내에서 발생한 것이 아닌 '벙개' 모임 등에서 발생한 불미스러운 일도 카페를 망치는 일이 될 수 있다. 네이버 카페에서 그들만의 리그를 만들어 다른 회원들이 소외되는 일이 없도록 관리해주어야 한다.

④ 나눔, 중고 거래, 회원 협찬

네이버 카페를 운영하다 보면 처음의 운영 목적과 다르게 다양한 협찬이나 나눔, 중고 거래 등으로 카페가 커질 수 있다. 사람이 모이면 돈이 된다는 것을 느끼는 순간이다. 대표적인 예로 맘 카페는 지역 엄마들의 수다 방이다. 아이를 키우면서 애로 사항, 도움 되는 내용 등을 공유하는 카페다.

그러나 일정 회원 수가 모이면 나눔에서 중고 거래, 공동 구매, 협찬까지 해당 지역의 다양한 소상공인 대표들의 업체를 홍보할 수 있는 플랫폼이 된다. 이렇게 홍보할 수 있는 업체가 들어오는 것을 회원들이 싫어하는 거 아닌가 고민하고 있다면 반대로 이렇게 생각해보면 어떨까?

실제 판매 가격보다 우리 커뮤니티에서는 저렴하게 제공하고 오히려 회원들에게 도움을 줄 수 있다. 나의 수익에만 치중하는 것이 아니라 회원들에게 더 많은 이익을 준다고 생각하면 더 많은 업체에서 더 저렴하게 카페 회원들에게 상품이나 서비스를 제공할 것이고 이는 카페 성장에도 도움이 된다. 카페를 성장시키는 가장 큰 힘은 회원들에게 더 많은 이익을 주는 것이다. 반복하지만 이 점을 결코 잊어서는 안 된다.

지금까지 회원 활동을 높이기 위한 몇 가지 방법을 소개해보았다. 무엇보다도 회원 활동을 높이기 위해 가장 중요한 점은 처음 카페를 만들었던 취지와 카페 주제를 벗어나지 않는 것이다. 운영자가 너무 많은 배너와 게시판을 통한 수익화에만 열을 올린다면 회원들은 더 이상 활동하지 않고 떠나버릴 것이다. 회원들이 내 카페에 가입한 이유를 늘 생각하고 절대 초심을 잃지 않아야 한다.

Chapter 08

패스트 카페 6단계: 수익화 방법

네이버 카페의 수익화 방법은 무궁무진하다. 그중 가장 대표적인 방법 몇 가지를 소개해보려고 한다. 네이버 카페는 주제에 따라 운영 방법도 수익화 방법도 차이가 있다. 하지만 그건 초기일 뿐 카페가 성장하면 수익화에 제한은 없다. 이 책에서는 카페 주제별 대표적인 수익화 방법만 소개하겠다.

① 커뮤니티형

맘 카페, 동호회, 지역 모임 등 대표적인 카페 유형이다. 가장 수익화하기 좋은 플랫폼이며 수익화에 제한도 없다.

② 상품형

의류, 향수, 뷰티, 병원 등 상품형은 상품 자체만 판매하는 스마트스토어 연계형과 뷰티 정보, 병원 정보 등을 알려주는 상품형+커뮤니티형으로 만들 수 있다. 예를 들어, 뷰티 업종 원장님이 네이버 카페를 운영하는데 주위에 다른 업종 원장님들과 연계해 게시판 일부를 양도해준다면 초기에 혼자서 정보를 쌓아올리는 수고를 덜 수 있다.

③ 지식 상품 정보형

지식 창업 카페는 초반에 다양한 정보를 통해 빠르게 정보를 쌓을 수 있다는 장점이 있다. 그러나 정보 공개 범위 및 다양한 업체 입점을 통한 수익화는 조금 더딜 수 있다는 단점이 있다. 또한 운영자가 꾸준히 양질의 정보를 올려야 한다는 번거로움도 있다.

다음으로는 대표적인 4가지 수익화 모델을 소개하겠다.

① 배너 광고 수익

메인 대문 배너는 가장 대표적인 수익화 모델이다. 회원 수가 많고 이미 많은 배너가 걸려 있다면 알아서 많은 업체에서 배너 문의가 들어온다. 그러나 초기에는 배너 하나 거는 것도 여간 힘든 일이 아니다. 하지만 카페가 활발히 운영되는 느낌을 주고 배너 문의가 들어오게 하려면 일단 배너 몇 개를 먼저 걸어놓아야 한다. 초기에는 나와 비슷한 주제로 운영하는 카페에 광고를 달고 있는 업체에 무료 배너를 제안하는 것이다. 광고주 입장에서는 아직 운영 초기지만 활발히 운영되고 있고 성장하고 있는 카페라면 무료로 홍보가 되니 마다할 이유가 없다.

이렇게 초기에 대문에 배너 업체를 다양하게 모집하고 3~6개월 이후 유료로 전환될 수 있다는 것을 미리 공시해야 한다. 그리고 공지 사항에 배너 업체 모집 글을 올리고 기존 업체는 무료로 진행하고 있더라도, '배너당 월 3만~5만 원'처럼 이벤트를 기획한다. 기존에 무료로 진행하던 업체에서 광고 효과가 있다면 유료로 전환되어도 계속 유지할 것이다. 광고 효과가 없어 유지하지 않는다 하더라도 빠지는 업체 자리에 새로 입점 업체 배너로 교체하면 된다. 이렇게 서서히 월당 배너 입점 비용을 인상하며 수익을 얻을 수 있다.

대문 배너는 PC에서만 볼 수 있지만, 게시 글 배너는 PC와 모바일 모두에서 볼 수 있어 더 많이 노출된다. 게시 글 배너는 최대 6개 등록 시 랜덤으로 한 개씩 노출된다. 한 개의 배너만 있을 경우 해당 게시판은 계속 한 개의 배너만 나오게 된다. 배너 광고의 비용은 카페 활성화와 회원 수에 따라 천차만별이다. 그러나 회원 수 10만 이상의 맘 카페의 경우 메인 대형 배너는 월 100만 원이 넘어가는 경우도 많다.

② 게시판 입점 운영

카페 초기에는 콘텐츠를 쌓아야 한다. 카테고리를 만들고 협업 업체를 통해 카페 활성화를 시키는 것이 우선이다. 게시판 입점은 업체를 게시판에 하나씩 입점시키는 것이다. 게시판 입점은 보통 통합 게시판 형태로 올리고 주로 정보를 올리거나 질문하고 답하는 식으로 운영된다. 이 게시판은 입점한 업체만 답글을 달 수 있고, 상담 링크, 연락처 등도 포함시켜 운영한다.

③ 공동 구매

카페에 회원들이 모이면 무엇이든 팔 수 있다고 말하는 이유가 바로 공동 구매다. 공동 구매는 회원들이 판매하면 수수료의 일부를 가져갈 수 있다. 따라서 저렴하고 좋은 물건을 사서 회원들도 좋고, 운영자도 좋은 이벤트 방법 중 하나다. 공지를 통해 이런 공동 구매 이벤트를 할 것이라고 먼저 예고하고 회원들의 반응을 본다. 그 후 다이렉트 메일을 통해 수수료, 공동 구매 기간, 상품 특징 등을 게시 글 공지, 쪽지, 메일을 통해 알리면 된다. 주문은 구글폼 또는 쪽지로 신청할 수 있게 하고, 결제는 스마트스토어로 유도하는 것이 편하다. 구매 후기도 반드시 회원들에게 요청한다. 공동 구매에서 후기는 매우 중요하다. 후기가 곧 공동 구매의 생명이다. 좋은 후기는 다음 공동 구매의 호응도를 높일 수 있다. 추가 선물 또는 혜택을 주더라도 반드시 받도록 하자.

④ 지식 상품 판매

지식 창업 카페가 가장 대표적인 유형이다. 초급 정보에서 기본적인 운영 방법 등을 무료로 알려주고, 회원들의 활동을 유도하며, 일정 등급이 되면 중급을 오픈한다. 그리고 핵심적인 고급 과정은 결제를 통해 수강생을 양성한다. 초급과 중급 과정에서 매우 유용한 정보를 제공했다면, 고급 과정에 대한 정보는 더욱 궁금할 수밖에 없다.

네이버 카페는 회원들을 모아놓을 수 있는 플랫폼이기에, 카페에 가입되어 있다면 무료로 공지, 쪽지, 메일을 통해 다양한 강의와 컨설팅 정보를 알릴 수 있다. 특별 할인 혜택 등 강의와 컨설팅을 알리는 다양한 이벤트를 기획하는 것도 카페 수익화에 큰 도움이 된다.

지식 창업의 경우 혼자서 회원들이 필요로 하는 모든 정보를 다루기는 힘들다. 나에게 없는 지식과 노하우는 다른 강사를 초빙해 무료로 강의를 진행하고 유료 강의 신청을 받아 강의료의 몇 퍼센트의 수수료를 통한 수익도 창출할 수 있다. 또한 다른 강사의 칼럼은 카페를 활성화하는 데도 도움이 되지만 협업 강사의 칼럼 내용이 궁금해 카페에 가입하는 회원이 늘어나기도 한다. 혼자의 힘으로는 한계가 있다. 다양한 협업으로 카페를 더욱 풍성하게 활성화하자.

내가 책에서 소개한 방법은 카페 수익화의 대표적인 방법들이다. 이외에도 카페 수익화 방법은 무궁무진하다. 사람들을 한곳에 모으면 그곳에는 반드시 돈이 있기 마련이다. 모든 온라인 플랫폼의 종착점, 모든 돈이 모이는 곳은 바로 네이버 카페다.

Chapter 09

네이버 카페 vs. 카카오 오픈 채팅

네이버 카페와 카카오 오픈 채팅은 공통점이 많다. 그중에 사람을 모아놓을 수 있다는 장점이 있다. 카카오 오픈 채팅을 강사들의 스마트스토어라고 말하는 이들도 있다. 먼저 무료로 다양한 인사이트를 주고 강의에 관심 있는 사람들을 모아 유료 강의로 전환하는 것이다. 네이버 카페와 비교해 카카오 오픈 채팅방의 장단점을 먼저 알아보도록 하겠다.

장점

▸ 국민 앱 카카오는 메시지 전달이 쉽다.

- 무료로 운영할 수 있다.
- 글 릴레이를 통해 강의 공지가 쉽고 편하다.
- 링크를 통한 전달로 다른 플랫폼으로 유입시키기 쉽다.
- 채팅방 가입 탈퇴가 쉽고 간편해 거부감이 적다.
- 다른 강사들과 협업이 쉽고 편해 빠른 성장이 가능하다.
- 카카오 앱은 누구나 쉽게 가입할 수 있다.

단점

- 무단으로 홍보성 글을 남기는 사람들이 많다.
- 24시간 운영되기 때문에 운영자가 스트레스를 받을 수 있다.
- 회원들 간의 소통이 되지 않는다(강사-회원 일방 소통).
- 카페처럼 플랫폼이 커져도 부가적인 수익이 발생하지 않는다.
- 가입과 탈퇴가 쉽고 간편하기 때문에 인원 관리가 잘 되지 않는다.
- 경쟁자의 비난 글이나 악성 글로 오픈 채팅방이 와해될 수 있다.

장점뿐만 아니라 단점도 많지만 카카오 오픈 채팅방은 사람들을 모아놓을 수 있는 곳이라는 점에서 굉장히 매력적인 공간이다. 오픈 채팅방은 최대 인원이 1,500명이며, 한 명당 10개의 오픈 채팅방 개설이 가능하다. 즉, 1만 5,000명의 사람을 모을 수 있다. 여기에 협업의 힘을 이용한다면 확장 효과는 상상하는 것 이상이다. 실제로 나도 오픈 채팅방을 운영하며 많은 강사와 협업

중이다.

오픈 채팅방은 내가 가진 지식이 없어도 사람들을 모을 수 있는 콘텐츠만 가지고 있다면 얼마든지 수익화할 수 있는 매력적인 플랫폼이다. 가령, 독서 모임을 오픈 채팅방 또는 지역 수다방으로 만들었다고 가정하자. 1,000명 정도 모임방에 우연히 들은 강의가 너무 좋아서 해당 강사에게 저희 오픈 채팅방에서 강의를 해주기를 요청한다. 해당 강사는 오픈 채팅방에서 강의하고 유료 회원을 모집한다. 이렇게 강의로 얻은 수익은 오픈 채팅방마다 차이가 있지만 8:2 또는 7:3의 비율로 나눈다. 즉, 강의를 요청하고 자리를 만들어준 것만으로도 강의비 100만 원짜리 강의에 10명이 신청했다면 200만~300만 원의 수익을 얻을 수 있는 것이다.

네이버 카페처럼 배너, 협찬, 게시판, 카페 매각 등으로 수익을 얻을 수는 없지만, 강사를 초빙하고 채팅방에 있는 사람들에게 무료 정보도 나누어주고 수익도 얻어 갈 수 있는 구조인 것이다.

사람을 모으고 그들에게 유용한 정보를 제공하는 것에 집중하자. 보상은 저절로 따라올 것이다.

핵심 내용

❶ 온라인 마케팅 최종 종착지는 네이버 카페다.

❷ 네이버 카페 1단계: 카페를 기획하고 시작하기

❸ 네이버 카페 2단계: 경쟁 카페 벤치마킹하기

❹ 네이버 카페 3단계: 빠르게 회원 모집하기

❺ 네이버 카페 4단계: 카페 등급 수직 상승시키기

❻ 네이버 카페 5단계: 회원들을 움직이게 하기

❼ 네이버 카페 6단계: 내 카페로 수익화하기

핵심 과제

❶ 나는 어떤 주제로 카페를 만들 것인가 기획해보자.

❷ 나와 같은 주제의 카페 5개를 벤치마킹하자.

❸ 카페를 개설한다면 게시 글 20개를 어떤 주제로 만들 것인가?

PART 10

지식과 재능이
돈이 되는 시대

Chapter 01

모든 사람은 지식과 재능이 있다

“넌 꿈이 뭐니?” 내가 어렸을 때 정말 많이 들은 말이다. 요즘은 주위에서 이 말을 듣기가 힘들다. 삶이 팍팍해져서일까? 무슨 일을 하고 싶은지, 무엇이 되고 싶은지 물어봐도 대부분 돌아오는 답은 “잘 모르겠다”이다.

코로나19로 클래스101, 클래스유, 라이프해킹 스쿨 등 마음만 먹으면 온라인을 통해 무엇이든 쉽게 배울 수 있는 시대가 되었다. 직장을 다니고 있어도 내가 잘하는 것 한 가지만 있어도 온라인 강의나 유튜브를 통해 나를 브랜딩할 수 있다. 본캐보다 더 잘나가는 부캐를 만들 수 있는 시대다. 그런 점에서 유튜버 신사임당이 말한 "지금은 단군 이래 가장 돈 벌기 쉬운 시대"라는 말에 동의한다. 내가 잘하는 것을 온라인 클래스에 올리고 유튜브를 통해 나를 알리는 것만으로도 돈을 벌 수 있는 세상이다.

얼마 전 유튜브 영상에 한 20대 친구가 건설 현장에서 몸은 힘들지만 한 달에 500만 원은 번다는 말을 듣고 정말 대단하다는 생각을 했다. 그 친구가 힘들게 건설 현장에서 500만 원을 벌어서가 아니다. 건설 현장에 젊은 사람들이 많이 없는 이유를 젊은 사람은 힘든 일을 싫어하기 때문이라고 오해하는 경우가 많다. 물론 그런 이유도 없진 않겠지만, 기존에 현장에서 일하고 있는 사람들이 절대 기술을 알려주지 않는다는 것을 알고 있기 때문이다. 아무도 알려주지 않는데 힘든 일을 버티며 하나씩 기술을 배웠을 테니 정말 대단하다는 생각이 들었다.

자신이 알고 있는 노하우와 성공 비법은 크기가 크든 작든 절대 그냥 알려주지 않는다. 이것이 현실이다. 21세기는 지식의 홍수 시대라고 한다. 마음만 먹으면 유튜브나 책에서 얼마든지 정보와 아이디어를 얻을 수 있다. 하지만 책과 유튜브로 지식을 쌓으려면 많은 시행착오를 거치고 많은 시간을 투자해야 한다.

만일 여러분이 하고 싶은 일이 있다면 지금 가지고 있는 지식에 특별함을 하나만 더하면 된다. 여러분이 가지고 있는 지식과 재능은 결코 가치가 없지 않다. 디자인에 관심이 많고 재능이 있는 사람이라면 '블로그 스킨+카페 스킨' 제작을 대행하면 본업에다가 부수입을 만들 수 있다. 블로그를 운영한 지 오래되어서 내가 쓴 글이 상위에 노출이 잘된다면 블로그 상위 노출 대행을 통해 키워드당 매월 수십만 원에서 수백만 원의 부수익을 얻을 수 있다. 만약 내가 블로그로 집에서 매달 한 달 월급 이상을 벌고 있다면, 내가 가진 노하우를 다른 사람들에게 알려주자. 그것으로 또 하나의 부캐를 만들고 수익 파이프라인을 만들 수 있다.

중요한 건 지금 바로 실행하는 것이다. 가만히 앉아서 다른 사람의 성공 노하우를 들으며 비판만 하거나 그들을 부러워만 하기에는 인생은 너무나 짧고 빠르게 지나간다.

다른 사람의 성공을 시기하며 악플을 달기보다 지금 여러분이 할 수 있는 것이 무엇인지 찾고 다른 사람들에게 도움이 되는 정보를 알려주는 글이나 영상을 만들길 바란다.

Chapter 02

상위 10%가 되는 최고의 방법

팀 페리스는 자신의 책 『타이탄의 도구들』에서 이렇게 말했다. "남과 다른 삶을 살고 싶다면 선택 가능한 길은 2가지다. 첫째, 특정한 분야에서 최고가 되는 것이다. 하지만 천재들이거나 한 분야만을 위해 평생을 투자한 사람이 아닌 사람들에게는 현실적으로 불가능하다. 될 수만 있다면 최고의 선택이겠지만 평범한 사람들에게 쉬운 목표가 아니다. 둘째, 상위 25퍼센트에 올라갈 수 있는 2가지 일에서 능력을 발휘하는 것이다."

이 책에서는 이런 내용도 나온다. "스콧은 만화가이지만 유머 감각이 남들보다 좋았다. 유머와 풍자를 기반으로 한 최고의 만화가가 되었다. 거창하고 특별한 기술을 말하는 것이 아니다. 대화, 세일즈 등 세상 사람들 75퍼센트보다 잘할 수 있는 것이 있다면 적극적으로 찾아라. 자신이 좋아하는 분야에서 찾으면 더욱 빠르고 효과적이다. 넷스케이프의 창업자 마크앤드리슨은 이렇게 말했다. 성공한 CEO들 가운데 상위 25퍼센트 속하는 기술을 3가지 이상 갖추지 못한 사람을 찾기란 매우 어려운 일이다."

현재 내가 하고 있는 일에서 최고가 아닌 적어도 상위 10%가 되고 싶다면 간단하다. 키워드에 키워드를 더하면 된다. 즉, 세부 키워드를 만드는 것이다. 대표 키워드가 경쟁이 치열한 것처럼, 한 가지 분야에서 최고가 되는 것은 시간도 오래 걸릴 뿐 아니라 평범한 사람에게 쉬운 일은 아니다. 나도『타이탄의 도구들』을 읽고 나만의 도구를 하나씩 만들어나갔다.

그 과정이 쉽지 않았다. 정말 힘들었다. 어떻게든 돈을 아껴보고자 유튜브를 뒤지고 블로그를 뒤지고 구글 검색까지 뒤져도 내가 원하는 정보가 아닌 두루뭉술한 정보밖에 없었다. 분명히 책에서 인사이트를 얻었는데 구체적인 방법은 알 수 없었다. 결국, 고가의 강의를 듣고 내 것으로 만들기 위해 실천하고 연구하며 반복을 거듭했다. 한 가지에 나만의 특별함을 더해 성공한 사례는 우리 주위에서 쉽게 찾아볼 수 있다.

강아지 훈련 + 보호자 코칭 = 강형욱 보듬 컴퍼니

미술 + 심리 치료 = 미술 심리 치료

자기 계발 + 마케팅 = 브랜든 버처드(『백만장자 메신저』 저자)

다음은 개통령 강형욱의 이야기다. "그는 기존의 반려견 훈련 방식인 압박 훈련과는 다른 방향을 취한다. 문제가 되는 반려견 행동의 원인을 개의 입장에서 파악하고 해결해나가는 방식을 취한 것이다. 반려견이 문제 행동을 보이는 이유는 보호자가 평소 애견을 다루는 방식이나 습관이 원인이라고 보았기 때문에 반려견뿐 아니라 보호자까지 교육하는 데 중점을 둔다. 하지만 유명해지기 전까지는 자신의 훈련소에 찾아온 보호자들이 이것을 군말 없이 따르는 경우는 극히 드물었다고 한다. 내가 돈 내고 훈련소를 찾아왔는데 왜 나한테 이래라 저래라 하느냐고 따지는 사람들도 많았다고 한다. 개통령 강형욱의 성공 이면에도 이렇게 힘든 모습이 있었고 또 여전히 진행 중이다."

상위 10%가 되는 방법에 강형욱 훈련사의 이야기를 넣은 이유는, 바로 지금 내가 잘하는 것이 무엇인지 찾았다면 그 잘하는 것에 다른 특별한 무언가를 하나 추가해 독자적인 콘텐츠를 만들어낼 수 있다는 것이다. 지금 여러분의 머릿속에 떠오르는 내가 잘하는 것은 무엇인가? 그리고 내가 좋아하는 것은 무엇인가? 이 2가지를 합치면 어떤 콘텐츠가 나올까?

그렇게 탄생한 콘텐츠가 한 방에 큰 성공을 가져온다고 말하고 싶지는 않다. 유튜버 신사임당 역시 몇 번의 채널 폭파 후 성공했고, 개통령 강형욱 역시 지금 이 자리에 오기까지 수많은 역경과 고비가 있었다. 여러분도 몇 번의 시행착오를 겪을 수 있고 주위의 반대 의견에 부딪힐 수도 있다. 하지만 린 스타트업 전략처럼 내가 잘하는 것에 한 가지를 더해 가설을 세우고 검증하는 과정을 반복해보자.

세상에 쉬운 일은 없다.
세상에 공짜는 없다.
하지만 노력으로 이루지 못할 일도 없다.

Chapter 03

노력이 재능을 이긴다

창업은 어렵지 않다. 내가 가진 기술에 특별한 차이점 하나를 더 하면 된다. 이를 바탕으로 가설을 세우고, 검증하고, 피봇하는 과정을 통해 가설을 검증하고 이것을 확장하면 된다. 나도 이 방법을 통해 다양한 연쇄 창업을 시도하고 있다. 막연하게 창업에 성공한 사람들을 부러워했던 내가 변한 것이다. 왜 좀 더 일찍 시도하지 못했을까? 왜 그땐 술 마시고 노는 데만 정신이 팔렸을까? 후회한 적도 많았다.

월 1억 8,000만 원의 수익을 거두는 경제 유튜버 신사임당은 유튜브 채널에서 이렇게 말했다. "너무 심한 가난이 계속되어 이대로는 우리 가족이 버틸 수 없다고 느끼고는 어느 순간 정신을 차렸다. 하지만 많은 돈을 벌고 싶다는 생각만 했지 돈 버는 것과 관련된 행동은 하지 않았다.”

나 역시 성공한 사람들을 보면서 항상 그런 생각을 해왔던 것 같다. ‘와! 저 사람은 정말 운이 좋다.’ 하지만 이제는 알고 있다. 운이 좋아서가 아니라 운을 좋게 만들기 위해 다양한 시도를 해왔다는 사실을 말이다.

성공적인 연쇄 창업의 공식 역시 이와 다르지 않다. 내가 세운 가설은 완벽한 가설이 아니다. 시장 경험이 절대적으로 부족한 내가 어떻게 완벽한 가설을 세울 수 있을까? 거대한 자본을 가진 대기업의 상품도 시장조사 실패로 사라진 제품들이 얼마나 많은데! 성공적인 연쇄 창업의 공식은 세상을 대상으로 가설이 성공할 때까지 다양한 실험을 하는 것이다.

축구 선수 이영표의 ‘노력이 재능을 이겨요’라는 강연에는 다음과 같은 내용이 나온다. 성공은 절대 노력하지 않는 사람에게는 찾아오지 않는다. 노력과 재능 2가지 중 어느 것이 중요한가? 축구 선수 이영표는 경기장 중앙에 떨어진 공을 누구보다 먼저 잡고 싶었고 자신의 뒤에 떨어진 공을 누구보다 빨리 뒤돌아서 갖고 싶었다고 한다. 그리고 매일 2단 뛰기 줄넘기를 1,000개씩 하는 목표를 세웠고, 도저히 한 번에 1,000개를 할 수 없어 처음에는 100개씩 10번에 나누어 2년 동안 했다고 한다. 그러다가 한 번에

1,000개를 할 수 있게 되자, 경기장 안에서 놀라운 일이 벌어졌다고 한다. 1 대 1 대결에서는 드리블이 필요 없이 상대 선수를 빠르게 지나갈 수 있었고, 가운데 떨어지는 공은 무조건 자기 것이 되었다고 한다. 싸울 필요가 없이 전부 이영표 자신의 공이었다. 그는 이렇게 말한다. "노력이 재능을 이긴다!"

나가며

저는 엄청난 독서광입니다. 이틀에 평균 1.5권의 책을 독서할 정도로 '활자 중독'이라고 해도 과언이 아닙니다. 책을 읽으며 다양한 아이디어와 멘토를 만납니다. 이 책에 소개된 마케팅 방법은 이미 미국에서 10년 전부터 사용되어온 방법들입니다. 저 역시 이 마케팅 방법을 『원 위크 마케팅』, 『무기가 되는 스토리』, 『1페이지 마케팅』, 『90일만에 당신의 회사를 고수익 기업으로 바꿔라』 등 다양한 책으로 접했지만 읽고 핵심 내용을 컴퓨터에 저장만 해놓았을 뿐 실행하지는 못했습니다.

그러던 제가 2022년 5월 한 권의 책을 쓰기로 마음먹었습니다. '책은 성공한 사람들만 쓰는 거 아니야? 유명한 사람들이 쓰는 거 아니야?' 마음속에 온갖 소리들이 저를 괴롭혔습니다.

그렇게 책을 쓰기 시작한 노력은 전자책 3권과 이 책『마케팅 추월자』라는 결과물로 돌아왔습니다. 유명한 유튜버도 인플루언서도 아닌 제가 책을 쓴 것입니다. 이 책을 쓰는 도중에도 매일 한 권의 책을 읽으며 다양한 멘토를 만났습니다.

자청의『역행자』는 제게 용기와 동기를 불어넣어주었습니다. 라이프해킹 스쿨 김성공의『부의 치트키』는 연쇄 창업의 핵심을 알려주었습니다. 평소 유튜브를 통해 다양한 인사이트를 주었던 포리얼의 책『비즈니스 스테로이드』는 그동안 제가 생각하고 실행한 방법들의 가설을 검증한 것 같은 느낌마저 들 정도로 눈이 번쩍 뜨이게 하는 책이었습니다. 이 책『마케팅 추월자』가 나올 수 있게 도와준, 얼굴 한 번도 본 적 없는 멘토들의 소중한 책의 목록을 모아봤습니다. 여러분도 한번 읽어보시길 추천합니다.

▶ 자청,『역행자』

▶ 김성공,『부의 치트키』

▶ 포리얼,『비즈니스 스테로이드』

▶ 간다 마사노리,『90일만에 당신의 화사를 고수익 기업으로 바꿔라』

▶ 마크 새터필드,『원 위크 마케팅』

▶ 앨런 딥,『1페이지 마케팅』

▶ 간다 마사노리,『무조건 팔리는 카피 단어장』

- 팀 패리스, 『타이탄의 도구들』
- 브랜든 버처드, 『백만장자 메신저』
- 칩 히스·댄 히스, 『스틱』
- 도널드 밀러, 『무기가 되는 스토리』
- 제프 콘스·하워드 스티븐스, 『마케팅 천재가 된 맥스』
- 한스-게오르크 호이젤, 『뇌, 욕망의 비밀을 풀다』

『마케팅 추월자』는 이외에도 많은 책의 저자들에게 영향을 받았습니다. 이미 수년 전 책을 읽고 마케팅 시스템을 구축해야겠다고 다짐했습니다. 그러나 제가 그렇게 하지 못했던 이유는 실행력 부족이었습니다. 어쩌면 저도 블로그가 대세라는 말에 남들과 똑같은 방법으로 블로그를 운영했고, 인스타그램이 대세라는 말에 나의 상품과 서비스가 어떤 플랫폼과 적합한지 모른 채 남들과 같은 마케팅만 주구장창 해왔기 때문에 여러 번 실패를 경험했는지도 모릅니다.

하지만 지금 저는 당당한 연쇄 창업가입니다. 블로그와 네이버 카페 기반의 마케팅 대행사를 운영 중이며 소상공인을 위한 마케팅 교육 사업, 골프 관련 창업 및 공유 오피스 창업까지 다양한 분야에 도전하고 있습니다. 가설을 검증하고, 확장하고, 실제 수요와 니즈를 확인하기 전까지는 무리한 투자를 하지 않는 이 전략은 고금리와 경기 불안 등 악재가 겹친 대한민국에 반드시 필요한 전략입니다.

저의 연쇄 창업의 종착점이 어디인지 저도 알 수 없습니다. 지금도 다양한 아이디어와 창업을 통해 만나는 여러 대표님들과의 협업으로 창업할 수 있는 기회가 계속 열리고 있기 때문입니다.

경제적 자유, 노마드, 자동화 수익의 핵심은 지금 바로 실행하는 것입니다. 여러분은 과거의 저처럼 망설이기만 하다가 다가오는 기회를 놓치지 않길 바랍니다. 오늘도 유튜브를 보며 포리얼의 다양한 정보, 이리엘의 동기부여 영상들이 또 저에게 하나의 아이디어를 떠올리게 합니다.

그들은 항상 말합니다.
누구나 할 수 있다.
그렇지만 아무나 할 수는 없다.

움직이지 않고 실행하지 않을 때 이루어지는 것은 아무것도 없습니다. 로또 1등에 당첨되려면 복권방에 가서 일단 구매해야 단 0.0001%의 확률이라도 생깁니다. 저 역시 유튜브를 시작할까 망설이기만 한 것이 벌써 수년째입니다. 이름이 알려지고 악플이 달릴까 두려워서일까요? 저의 솔직한 내면은 이렇게 말합니다. 단지 지금 바로 시작하지 못해서라고! 저의 내면과 싸워 2023년에는 유튜브 영상으로도 많은 분들을 만나뵐 수 있길 기대합니다.

여러분의 열정과 의지를 믿지 마세요. 제가 정말 좋아하는 김창옥 강사님의 강연 중에 이런 이야기가 있었습니다. “인간을 속이는 방법을 삼촌 마귀 스크루테이프가 조카 마귀 웜 우드에게 알려주는데, 그것은 인간에게 계획을 세우게 하는 것입니다. 그리고 그것을 내일부터 하게 하는 것입니다. 삼촌 마귀 스크루테이프는 이렇게 말합니다. 인간에게 내일은 없다. 그 이유는 오늘 다음은 내일이지만, 인간에게는 내일은 새롭게 시작되는 오늘이기 때문이다. 그래서 인간에게 내일은 영원히 오지 않는다.”

그렇습니다. 우리는 항상 내일로 미루지만, 내일은 또 다른 일이 생기기 마련입니다. 여러분이 생각하는 것이 무엇이든 지금 바로 시작하세요. 그리고 도전하세요. 전 지금도 일주일에 수십 권의 책을 구매하고, 관심 있는 분야가 생기면 ‘내가 비록 이미 알고 있는 분야라도 내가 모르는 단 몇 퍼센트라도 새로운 것이 있을까?’라는 호기심에 고가의 강의를 신청합니다.

지난 수년간 제가 느낀 단 한 가지가 있기 때문입니다. 세상에 공짜는 없습니다. 차를 구입하기 위해 투자한 비용은 구매와 동시에 감가가 시작됩니다. 하지만 내가 하고자 하는 분야를 배우기 위한 투자는 ‘나’라는 캐릭터에 고가의 장비를 구매하는 것과 같습니다. ‘나’라는 캐릭터에 투자한 것은 결코 감가가 되지도 않습니다. 레벨 20짜리 캐릭터가 레벨 40짜리 무기를 장착할 수 있다면, 레벨 20에

잡기 힘들었던 몬스터를 쉽게 잡을 수 있는 것처럼 경험치와 레벨은 순식간에 증가합니다.

유튜버 신사임당이 쏘아 올린 스마트스토어 열풍은 코로나19 시기에 직장인들의 재택근무가 늘어남에 따라 '부업열'에 힘입어 더욱 성장했습니다. 신사임당에게 스마트스토어를 배운 '창업다마고치'는 실제로 성공을 거두었습니다. 왜 어떤 사람들은 동일한 방식으로 성공하고 어떤 사람들은 실패할까요?

첫째, 경쟁이 치열해지고 차별화가 사라졌습니다. 초기 스마트스토어는 키워드 세팅, 끌리는 상세페이지를 만드는 일부 소수의 사업자가 더 많은 판매량을 가져갈 수 있었습니다. 그러나 최근에 스마트스토어를 보면 경쟁이 치열해지고 상세페이지 역시 상향 평준화되어 나만의 차별화를 찾기가 힘들어졌습니다.

둘째, 같은 조건이라도 차별화를 찾은 사람과 포기하지 않는 사람은 성공합니다. 그런데 한 달 두 달 해보고 '에이 안 되네' 하고 포기한다면 성공을 이루기는 쉽지 않습니다. "노력하지 않고 적은 투자로 큰 수익을 안겨주겠다"라고 말하는 사람은 사기꾼입니다. 세상에 공짜는 없습니다. 노력하지 않고 얻어지는 것도 없습니다. 또한 오늘의 성공 방법이 내일의 성공 방법이 아닐 수도 있습니다. 지금 실행하느냐, 다음으로 미루느냐 그것 역시 여러분의 선택입니다.

만약 이 책을 읽고 나도 창업하고 싶은데 무엇을 하고 싶은지 모르겠다고 고민이 되시는 분은 저와 같은 방법으로 브랜딩을 해나가고 도전하면 됩니다. 한 가지 예를 들어볼까요? 블로그 강의를 들으셨다면 실제 내 블로그를 운영하고 체험단, 기자단, 블로그 대행 등 다양한 방식으로 먼저 수익을 내보길 바랍니다. 그리고 강의를 통해 배웠던 내용에 여러분만의 노하우를 더해 다른 사람들에게 강의하고 여러분을 브랜딩 하세요.

지금은 초보가 왕초보에게 알려주는 시대입니다. 더 쉽고 더 재미있고 더 다양한 방법을 알려준다면 어느 순간 여러분도 전문가이자 강사가 되어 있을 겁니다. 지식과 노하우도 상품입니다. 내가 판매한 지식으로 그들 역시 수익을 올릴 수 있도록 도와주세요.

내가 내 지식과 기술의 서비스를 파는 순간 시장에 내 경쟁자를 만드는 것과 같습니다. 만약 그게 정말 싫다면 꽁꽁 숨기고 팔지 않으면 됩니다. 나는 당신에게 팔았는데 당신은 절대 다른 사람한테 팔지 말고 나와 경쟁하지 마. 이 자체가 불공정한 계약입니다.

나만의 지식에 다른 지식을 더하고 또 다른 지식을 더해 타이탄의 도구를 모으세요! 그리고 여러분도 실행하세요. 여러분도 할 수 있습니다.

마지막으로 망설이기만 하던 저를 지금 당장 움직이게 만든 알리바바 회장 마윈의 명언을 소개하며 글을 마무리하겠습니다.

세상에서 가장 같이 일하기 힘든 사람들은 가난한 사람들이다.

자유를 주면 함정이라 이야기하고,

작은 비즈니스를 이야기하면 돈을 별로 못 번다고 하고,

큰 비즈니스를 이야기하면 돈이 없다고 하고,

새로운 것을 시도하자고 하면 경험이 없다고 하고,

전통적인 비즈니스라고 하면 어렵다고 하고,

새로운 비즈니스 모델이라고 하면 다단계라고 하고,

상점을 같이 운영하자고 하면 자유가 없다고 하고,

새로운 사업을 시작하자고 하면 전문가가 없다고 한다.

그들에게는 공통점이 있다.

구글이나 포털에 물어보기를 좋아하고,

희망이 없는 친구들에게 의견 듣는 것을 좋아하고,

자신들은 대학 교수보다 더 많은 생각을 하지만

장님보다 더 적은 일을 한다.

물어보라, 그들이 무엇을 할 수 있는지. 그들은 대답할 수 없다.

내 결론은 이렇다.

당신의 심장이 빨리 뛰는 대신 행동을 더 빨리하고,

그것을 생각해보는 대신 무언가를 그냥 하라.

가난한 사람들은 공통적인 한 가지 행동 때문에 실패한다.

그들의 인생은 기다리다가 끝이 난다.

패스트 마케팅 무료 특강 안내

이 책을 읽으신 분들에게 무료 특강으로 온라인 마케팅에 관한 다양한 정보를 드리기 위해 오픈 채팅방을 운영하고 있습니다. 인원이 1,500명으로 한정되어 수시로 정원이 초과됩니다. 그래서 이메일로 연락 주시면 링크와 함께 실제 크몽에서 판매 중인 블로그 전자책을 무료로 보내드리겠습니다. 변화에 대한 열정과 노력의 힘을 믿는 분이라면 아래의 이메일을 통해 연락 주시기 바랍니다.

- **패스트 마케팅 무료 특강 문의** minrich365@naver.com